Knauer
Lucas
Rosenthal
Speth

Arbeitsheft KOMPETENZ im Einzelhandel

1

Lernsituationen und Übungen

Merkur
Verlag Rinteln

Reihe „KOMPETENZ im Einzelhandel“

Verfasser/-innen:
Sabine Knauer
Karsten Lucas
Tatjana Rosenthal
Dr. Hermann Speth

Umschlagfotos:

Bild links:	Paolo Gallo – www.colourbox.de
Bild rechts oben:	pressmaster – www.colourbox.de
Bild rechts unten:	#246329 – www.colourbox.de

* * * * *

2. Auflage 2025

Gesamtherstellung:
Merkur Verlag Rinteln Hutkap GmbH & Co. KG, 31735 Rinteln

E-Mail: info@merkur-verlag.de
lehrer-service@merkur-verlag.de
Internet: www.merkur-verlag.de

Merkur-Nr. 1821-02
ISBN 978-3-8120-1187-7

Vorwort

Das **„Arbeitsheft – KOMPETENZ im Einzelhandel 1"** ist der erste Teil unserer Arbeitsheft-Reihe für die Ausbildungsberufe **Verkäuferin und Verkäufer** sowie **Kauffrau/Kaufmann im Einzelhandel.**

Das Arbeitsheft konzentriert sich auf die **Lernfelder (LF)** des ersten Ausbildungsjahres:

Lernfeld 1: Das Einzelhandelsunternehmen repräsentieren
Lernfeld 2: Verkaufsgespräche kundenorientiert führen
Lernfeld 3: Kunden im Servicebereich Kasse betreuen
Lernfeld 4: Waren präsentieren
Lernfeld 5: Werben und den Verkauf fördern

Für die Auswahl der Inhalte und Aufgabenstellungen sind neben dem Rahmenlehrplan der aktuelle Prüfungskatalog für die IHK-Abschlussprüfung sowie die Ausbildungsverordnung maßgeblich.

Das Arbeitsheft folgt dem Ansatz der **Lernfeldkonzeption** und fördert das berufsorientierte ganzheitliche und selbstbestimmte Lernen. Dabei werden die Lernfelder des Rahmenlehrplans in Form von **Lernsituationen** konkretisiert. Die Lernsituationen unterstützen die Teamfähigkeit sowie die Fähigkeit zur Präsentation und Diskussion der Schülerinnen und Schüler. Sie fördern also Kompetenzen, die weit über die reine Fachkompetenz hinausgehen. **Weiterführende Aufgabenstellung** vertiefen die Inhalte und ermöglichen eine individuelle Differenzierung.

Das Arbeitsheft ermöglicht auf diese Weise einen **kompetenzorientierten Unterricht** (situationsbezogen – problemorientiert – kompetenzfördernd), dokumentiert aufgrund seines Workbook-Charakters den Kompetenzerwerb und entlastet die Unterrichtsvorbereitung, den Kopieraufwand und die didaktische Jahresplanung.

Das Arbeitsheft ist **mit dem Schulbuch „KOMPETENZ im Einzelhandel 1" (Merkur-Nr. 0821) abgestimmt.** Zu Beginn jeder Situation verweisen Kapitelangaben auf die im Schulbuch enthaltenen Fachinformationen, auf die bei Bedarf zugegriffen werden kann. Es ist daher ideal, wenn Schulbuch und Arbeitsheft gemeinsam im Unterricht eingesetzt werden.

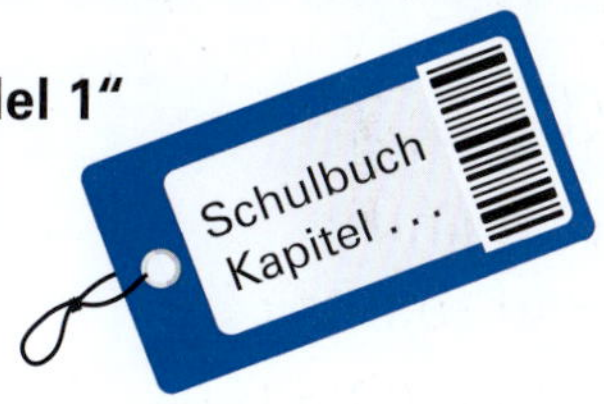

Durch die **Verzahnung der Unterrichtsmaterialien** wird **der Erwerb** themenübergreifender Kompetenzen einerseits vereinfacht; durch die **relative Selbstständigkeit** der einzelnen Materialien wird andererseits der pädagogische und schulorganisatorische Freiraum gewährleistet, der für die erfolgreiche Umsetzung des Rahmenlehrplans unseres Erachtens notwendig ist.

Aus Gründen der besseren Lesbarkeit wird in diesem Arbeitsheft auf die gleichzeitige Verwendung der Sprachformen männlich, weiblich, divers (m/w/d) verzichtet. Sämtliche Personenbezeichnungen gelten – sofern nicht anders kenntlich gemacht oder aus dem Kontext erschließbar – gleichermaßen für alle Geschlechter.

Wir wünschen Ihnen einen guten Lern- und Lehrerfolg!

Solingen, Oldenburg, Hagen und Wangen im Frühjahr 2025

Die Verfasser

Inhaltsverzeichnis

Lernfeld 1 Das Einzelhandelsunternehmen repräsentieren

Lernfeld 2 Verkaufsgespräche kundenorientiert führen

Lernfeld 3 Kunden im Servicebereich Kasse betreuen

Lernfeld 4 Waren präsentieren

Lernfeld 5 Werben und den Verkauf fördern

1 Den Ausbildungsbetrieb präsentieren

Schulbuch S. 13

Steckbrief für die Vorstellung des Ausbildungsbetriebs

Allgemeine Daten über den Ausbildungsbetrieb

Name des Einzelhandelsbetriebs: ______________________

____

Gründungsjahr: ______________________

Branche: ______________________

Standort und Adresse: ______________________

Rechtsform: ______________________

Anzahl der Beschäftigten:

- Vollzeitbeschäftigte ______________________
- Teilzeitbeschäftigte ______________________

Anzahl der Auszubildenden: ______________________

Ladenöffnungszeiten: ______________________

Informationen zum Warensortiment und zum Kundenstamm

Welche Waren und Dienstleistungen werden angeboten? ______________________

____

____

____

____

An welche Zielgruppen werden die Waren verkauft? ______________________

____

____

____

Welches Verhältnis besteht zwischen Stammkunden und Laufkundschaft?

... weitere Informationen zum Warensortiment und zum Kundenstamm

Wie groß ist das Einzugsgebiet des Einzelhandelsbetriebs?

Wie häufig und in welchen Medien wird geworben?

Welche Ziele verfolgt der Einzelhandelsbetrieb?

Zielsetzungen des Einzelhandelsbetriebs

Gibt es ein Unternehmensleitbild, in dem die Grundwerte des Einzelhandelsbetriebs formuliert sind?

2 Sich mit Regelungen im dualen System der beruflichen Bildung auseinandersetzen

Schulbuch Kapitel 1.2 + 1.3

HANDLUNGSSITUATION

Start in das Berufsleben

Tanja Erichsen, siebzehnjährige Absolventin der Realschule Gummersbach, hat einen Ausbildungsplatz zur Einzelhandelskauffrau beim Einzelhändler Henning Meinershagen e. Kfm. im 30 km entfernten Olpe erhalten.

Wichtig ist Tanja, einen guten Start in ihr „neues Leben" hinzulegen. *„Einen positiven Eindruck möchte ich machen, wenn ich als neuer Azubi im Betrieb anfange"*, denkt sie.

„Was, sagte Herr Meinershagen beim Einstellungsgespräch, wäre ihm sehr wichtig? Erst einmal alles aufmerksam zu beobachten, nett und freundlich zu den Kunden zu sein, auf meine Kleidung zu achten und gut zuzuhören, wenn ein Mitarbeiter mir nützliche Tipps gibt. Ich soll mir die wichtigsten Dinge aufschreiben, damit ich sie nicht sofort wieder vergesse. ‚Jeder Betrieb läuft anders', hat er gesagt. Ach ja, und viel fragen soll ich.

An meine Unterlagen soll ich denken, die würde er unbedingt brauchen. Welche waren das noch? Sozialversicherungsausweis, eine ärztliche Bescheinigung, die Krankenversicherung, ein polizeiliches Führungszeugnis, meine Schulzeitbescheinigung.

Ein Girokonto bei einer Bank soll ich mir einrichten, sonst gäbe es kein Geld.

Jeden Dienstag und Freitag ist Berufsschule. Dort wird das Theoretische, wie alles über den Verkauf und Gesetze, an die Schüler vermittelt.

ARBEITSAUFTRAG ZUR HANDLUNGSSITUATION

Erläutern Sie, wie die Berufsausbildung in Ihrem Ausbildungsbetrieb abläuft. Notieren Sie wesentliche Inhalte wie zum Beispiel Arbeitszeiten, Pausenzeiten, Urlaubsregelungen, Ausbildungsdauer usw. aus Ihrem Ausbildungsvertrag und vergleichen Sie diese mit Ihren Mitschülern.

So läuft die Berufsausbildung in meinem Ausbildungsbetrieb	
Arbeitszeiten	

So läuft die Berufsausbildung in meinem Ausbildungsbetrieb	
Pausenregelungen	
Urlaub	
Ausbildungs-dauer	

WEITERE AUFGABEN

1. Der Auszubildende Florian Pfiffig ist seit zwei Monaten als Auszubildender beim Möbelhaus Max Müller e. K. beschäftigt.

1.1 Nennen Sie den Vertrag, der zwischen Florian Pfiffig und dem Möbelhaus Max Müller e. K. geschlossen wurde. Geben Sie die zugrunde liegende Rechtsgrundlage an.

____

____

____

1.2 Nennen Sie drei Angaben, die im Vertrag unbedingt enthalten sein müssen.

- ______________________________
- ______________________________
- ______________________________

1.3 Nennen Sie die Unter- und Obergrenze, die bei der Probezeit eines Auszubildenden zu beachten ist.

____

____

1.4 Wie ist die Kündigung der Auszubildenden in der Probezeit geregelt?

____

____

1.5 Nennen Sie die Form, in der der Berufsausbildungsvertrag abzuschließen ist, und geben Sie an, wo er registriert ist.

____

____

____

1.6 Erklären Sie, unter welchen Bedingungen ein Berufsausbildungsverhältnis endet.

____

____

____

2. Der Auszubildenden Margit gefällt es bei der Hammer OHG nicht mehr. Die Kolleginnen und Kollegen sind ihr unsympathisch, der Chef erst recht.

Prüfen Sie, ob Margit ihr Berufsausbildungsverhältnis lösen kann! Wenn ja, nennen Sie die Bedingung.

3. Viele junge Leute meinen, dass das schnelle Geldverdienen wichtiger sei als eine gute Ausbildung.

Widerlegen Sie diese Meinung, indem Sie stichpunktartig drei Vorteile einer guten Ausbildung nennen.

-
-
-

4. 4.1 Die Berufsausbildung verursacht den Ausbildungsbetrieben hohe Kosten.

Erläutern Sie, warum die Berufsausbildung den ausbildenden Betrieben dennoch Vorteile bringen kann.

4.2 Nicht alle Ausgebildeten werden von den Ausbildungsbetrieben auch übernommen.

Beschreiben Sie an einem Beispiel, ob dies immer ein Nachteil für die Ausgebildeten sein muss.

3 Die Bedeutung von Tarifverträgen beurteilen

Schulbuch Kap. 1.5

HANDLUNGSSITUATION

Ruth Langenfeld, Auszubildende zur Verkäuferin im zweiten Ausbildungsjahr bei Blum & Rensch KG, einem Textileinzelhandelsunternehmen aus Magdeburg, liest im Internet, dass die Tarifverhandlungen für den neuen Tarifvertrag für den Einzelhandel nach einigen Warnstreiks kurz vor dem Abschluss stehen.

Hinsichtlich der Gehälter der Angestellten soll eine Erhöhung von 5,5 % und bei den Ausbildungsvergütungen eine einmalige Sonderzahlung in Höhe von 120,00 EUR sowie ein Anstieg um 1,6 % durchgesetzt werden. Zudem soll es ein Jahr nach Inkrafttreten der erzielten Vereinbarung für die Einzelhandelsbeschäftigten eine weitere Erhöhung der Entgelte in Höhe von 2,1 % geben. Die Gesamtlaufzeit des Tarifvertrages soll drei Jahre betragen.

Ruth sagt sich: *„Das ist ja klasse, dann kann ich mir endlich eine größere Wohnung leisten. Ich hoffe, dass diese Regelungen auch noch nach meiner Ausbildung für mich Bestand haben."*

Neben dem Zeitungsartikel zu den Tarifverhandlungen ist die oben stehende Karikatur abgebildet.

ARBEITSAUFTRÄGE ZUR HANDLUNGSSITUATION

1. Beschreiben Sie den Inhalt, den die Karikatur ausdrücken möchte.

____

____

____

2. Erklären Sie, welches Problem aus dem Wirtschaftsleben der Zeichner der Karikatur darstellt.

____

____

____

3. Erläutern Sie, auf welche Weise ein Interessenausgleich herbeigeführt werden kann.

____

____

____

WEITERE AUFGABEN

1. Erläutern Sie folgende Begriffe:

	Erläuterungen
Tarifvertrag	
Allgemeinverbindlichkeit	

2. Die Arbeitgeber und die Gewerkschaften vereinbaren eine Regelung über die Entgeltfortzahlung im Krankheitsfall.

Nennen Sie die Tarifvertragsart, in welcher eine solche Regelung steht. ______________________

3. Stellen Sie jeweils zwei Vorteile, die die Tarifverträge für Arbeitnehmer und Arbeitgeber bringen, dar.

Vorteile für den Arbeitnehmer	Vorteile für den Arbeitgeber
➤	➤
➤	➤

4. Erläutern Sie, wie sich der Lohn in einer Wirtschaft bilden würde, in der es keine Gewerkschaften und Arbeitgeberverbände gibt.

5. Unterscheiden Sie die Begriffe Streik und Aussperrung.

Streik	Aussperrung

6. Der neue Lohntarifvertrag im Einzelhandel sieht eine Gehaltssteigerung von 2,5 % vor.

Aufgaben:

6.1 Nennen Sie die Voraussetzungen, unter welchen ein Unternehmen seinen Mitarbeitern 2,5 % mehr Gehalt zahlen muss.

6.2 Prüfen Sie, ob alle Mitarbeiter Anspruch auf die 2,5 %ige Gehaltserhöhung haben.

7. Der arbeitslose Facharbeiter Bernd Loss ist in keiner Gewerkschaft. Er erhält von der Karin Widmann KG einen Arbeitsvertrag, den er annimmt. Der Lohn liegt 125,00 EUR monatlich unter dem Tariflohn. Die Karin Widmann KG ist im Arbeitgeberverband. Prüfen Sie, ob ein rechtsgültiger Vertrag zustande gekommen ist.

4 Regelungen zur betrieblichen Mitbestimmung berücksichtigen

Schulbuch Kap. 1.6

HANDLUNGSSITUATION

Aus einem Frankfurter Zeitungsbericht:

TAGESZEITUNG

23.10.20..

Im Kaufhaus Becker KG in Frankfurt haben sich der Geschäftsführer Klaus Werner Beister und sein Betriebsrat nach fast dreiwöchigen Nervenkrieg auf die neuen Arbeitszeiten und die Überstundenregelung geeinigt. Seit Dienstagabend sind nach Angaben der Gewerkschaft alle Verträge unterzeichnet, für die sich das Personal im Hinblick auf die neuen Öffnungszeiten und die ausgehandelten Prämien eingesetzt hat.

Die knapp 80 Beschäftigten des Kaufhauses Becker KG am Sizilienplatz in Frankfurt mussten eine Reihe von Zugeständnissen hinsichtlich der neuen Arbeitszeiten eingehen. Bisher wurde in Frankfurt in der Zeit von montags bis samstags von 8:00 bis 20:00 Uhr gearbeitet. Nun sollten die Ladenöffnungszeiten verlängert und von Donnerstag- bis Samstagabend bis 22:00 Uhr für die Kunden geöffnet werden. Viele Mitarbeiter waren sehr aufgebracht und haben sich beim Betriebsrat mit der Begründung beschwert, dass ihr Familienleben nun stark beeinträchtigt wird.

Die Regelung von Beginn und Ende der täglichen Arbeitszeit einschließlich der Pausen sowie der Prämien und die Verteilung der Arbeitszeit auf die einzelnen Wochentage ist mitbestimmungspflichtig, erläutert die Betriebsratsvorsitzende des Kaufhauses, Bettina Weigner, rückblickend. Unser Einsatz habe sich gelohnt, so Weigner weiter, man habe bei den Prämien das Dreifache dessen erreicht, was der Arbeitgeber am Anfang der Verhandlungen angeboten habe. Darüber hinaus wurde eine Arbeitszeitregelung vereinbart, die die persönliche Situation der Mitarbeiter berücksichtigt.

Wichtig sei für die Belegschaft in erster Linie, dass ein friedliches und für beide Seiten erfreuliches Ergebnis erzielt wurde.

ARBEITSAUFTRÄGE ZUR HANDLUNGSSITUATION

1. Welche Erfolge konnte der Betriebsrat des Kaufhauses Becker KG nach den Verhandlungen mit der Geschäftsleitung vermelden?

___

___

___

2. Nennen Sie jeweils zwei Gründe für und gegen die betriebliche Mitbestimmung.

Gründe für die betriebliche Mitbestimmung	Gründe gegen die betriebliche Mitbestimmung
➤ ___	➤ ___
___	___
➤ ___	➤ ___
___	___

3. Ein Kollege fragt ein Betriebsratsmitglied: „Habe ich als einzelner Arbeitnehmer auch Mitbestimmungsrechte?“. Antworten Sie für das Betriebsratsmitglied.

WEITERE AUFGABEN

1. Das Textileinzelhandelsgeschäft Maja Ritz e. Kfr. beschäftigt 28 Mitarbeiter. Die Mitarbeiter beschließen, einen Betriebsrat zu wählen.

1.1 Nennen Sie das Gesetz, in welchem sich die Regelungen zur Wahl des Betriebsrats befindet.

1.2 Begründen Sie, ob sich die Geschäftsinhaberin dem Wunsch der Belegschaft widersetzen kann.

2. Geben Sie für das Beratungsrecht und das Mitbestimmungsrecht des Betriebsrats jeweils zwei Beispiele an.

Beratungsrecht	Mitbestimmungsrecht
➤	➤
➤	➤

5 Die Notwendigkeit der sozialen Sicherung und privaten Vorsorge erkennen

Schulbuch Kap. 1.7

HANDLUNGSSITUATION

Marco Nemec arbeitet seit drei Wochen im Lebensmitteleinzelhandel als Auszubildender zum Kaufmann im Einzelhandel und hört, wie sich sein Kollege und Vorgesetzter Stefan Heinrich mit einem Kunden über die Situation in unserem Staat unterhält.

Heinrich: *„Wenn ich so an meine Abrechnung jeden Monat denke, dann kommen mir die Tränen. Die monatliche Belastung mit Steuern und Sozialabgaben beträgt doch schon 50%. Ich habe letzte Woche gelesen, dass ein Beschäftigter im Einzelhandel über sechs Monate im Jahr allein für Steuern und Sozialabgaben arbeiten muss. Ich finde, die Belastungsgrenze ist schon lange erreicht."*

Kunde: *„Da gebe ich Ihnen recht, Herr Heinrich, alleine schon die Veränderung in unserer Gesellschaft wird zu einem Umdenken führen müssen. Den Generationenvertrag von früher, den gibt es schon lange nicht mehr. Es stehen doch immer mehr alten Menschen immer weniger junge gegenüber. Dazu steigt auch noch die Lebenserwartung unserer Mitbürger und die Geburtenraten gehen dabei gleichzeitig zurück."*

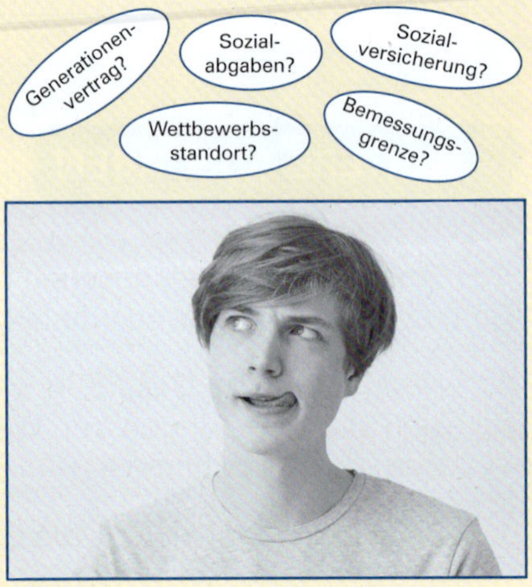

Heinrich: *„Tja, jeder sollte am besten für sich selbst sorgen. Nächste Woche habe ich einen Termin bei meiner Versicherung und lasse mich hinsichtlich meiner betrieblichen Altersversorgung beraten."*

Nachdem der Kunde das Geschäft verlassen hat, fragt Marco Nemec Herrn Heinrich, was eigentlich eine Sozialversicherung ist.

ARBEITSAUFTRÄGE ZUR HANDLUNGSSITUATION

1. 1.1 Nennen Sie drei Merkmale der gesetzlichen Sozialversicherung.

➤ ______________________________

➤ ______________________________

➤ ______________________________

1.2 Nennen Sie die Zweige der Sozialversicherung.

➤ ______________________________

➤ ______________________________

➤ ______________________________

➤ ______________________________

➤ ______________________________

1.3 Wie wird die Sozialversicherung finanziert?

2. Erläutern Sie, was unter dem Generationenvertrag zu verstehen ist und welche Probleme sich daraus für die Zukunft ergeben könnten.

3. Unterscheiden Sie die gesetzliche Rentenversicherung von der staatlich geförderten Altersvorsorge.

Gesetzliche Rentenversicherung	Staatlich geförderte Altersvorsorge

4. Grenzen Sie die staatlich geförderte Altersvorsorge von der privaten Vorsorge ab.

WEITERE AUFGABEN

1. Erläutern Sie die Begriffe Beitragsbemessungsgrenze und Versicherungspflichtgrenze.

Beitragsbemessungsgrenze	
Versicherungspflichtgrenze	

2. Levi Kürber ist IT-Spezialist bei der DATA-AG und verdient monatlich brutto 8560,00 EUR. Da er ein großes Vermögen geerbt hat, ist er weder auf Kranken- und Pflegeversicherung noch auf die Renten- und Arbeitslosenversicherung bei einer Arbeitslosigkeit angewiesen. Er will die gesetzliche Sozialversicherung kündigen. Prüfen Sie, ob das rechtlich möglich ist.

3. Fiona Fröhlich arbeitet als Abteilungsleiterin für Damenoberbekleidung in einem Kaufhaus. Nach Geschäftsschluss geht sie in ein Kino. Auf dem Nachhauseweg fällt sie bei Glatteis hin und bricht sich ein Bein. Deshalb will sie die Leistungen der gesetzlichen Unfallversicherung in Anspruch nehmen. Diese lehnt ab. Fiona Fröhlich erhebt Widerspruch, der ebenfalls abschlägig beschieden wird. Sie möchte im Anschluss daran beim Sozialgericht klagen.

Recherchieren Sie, ob Fiona Fröhlich Erfolg haben wird.

4. Nina Schussek, Verkäuferin, fällt im Laden von der Leiter, als sie vom obersten Regal einen Lederkoffer herunterholen will. Sie verletzt sich so schwer, dass sie stationär behandelt werden muss.

4.1 Nennen Sie die Versicherung, die dafür zuständig ist.

4.2 Nennen Sie die Leistungen, die von dieser Versicherung zu erbringen sind.

5. Die 26-jährige Angestellte Simone Künne erhält am 31. Oktober 20.. ihre erste Gehaltsabrechnung:

Name	Bruttogehalt in EUR	Abzüge in EUR			Abzüge insgesamt in EUR	Nettogehalt (Auszahlungsbetrag) in EUR
		Lohnsteuer	Kirchensteuer	Sozialversicherung		
Simone Künne	1941,00	83,25	7,49	418,28	509,02	1431,98

5.1 Ermitteln Sie den Prozentsatz vom Bruttogehalt, den Simone Künne für ihre Sozialversicherung aufwendet.

5.2 Berechnen Sie, wie viel Prozent von ihrem Bruttogehalt Simone Künne für die Zahlung der Lohn- und Kirchensteuer aufwenden muss.

5.3 Ermitteln Sie, wie viel Prozent des Bruttogehalts von Simone Künne die Abzüge für die Sozialversicherung, Lohn- und Kirchensteuer insgesamt ausmachen.

6. Lesen Sie zunächst den folgenden Auszug aus den „Betriebsverordnungen für Hamburger Comptoirs[1] und Amtsstuben 1863 bis 1872":

Zur Beachtung des Personals

Jedes Personalmitglied hat die Pflicht, für die Erhaltung seiner Gesundheit Sorge zu tragen, im Krankheitsfalle wird die Lohnzahlung eingestellt. Es wird daher dringend empfohlen, dass jedermann von seinem Lohn eine hübsche Summe für einen solchen Fall wie auch für die alten Tage beiseite legt, damit er bei Arbeitsunvermögen und bei abnehmender Schaffenskraft nicht der Allgemeinheit zur Last fällt.

1 **Comptoir:** veralteter Begriff für Kontor (Büro).

Vergleichen Sie die Form der sozialen Absicherung von Lebensrisiken, wie sie in der „Betriebsverordnung für Hamburger Comptoirs und Amtsstuben 1863–1872“ beschrieben wird, mit der gesetzlichen Sozialversicherung von heute.

Betriebsverordnung (1863–1872)	Gesetzliche Sozialversicherung (heute)

7. Begründen Sie, warum der Staat eine kapitalgedeckte private Altersvorsorge durch finanzielle Anreize fördert.

6 Schutzbestimmungen im Einzelhandel anwenden

Schulbuch Kap. 1.8

HANDLUNGSSITUATION

Auszubildende, die ihre Ausbildung beginnen, erleiden öfter Arbeitsunfälle als alle anderen Mitarbeiter. Sie kennen die Gefahren in ihrem neuen Ausbildungsbetrieb noch nicht so gut. Darum wird vom Arbeitsschutzgesetz [ArbSchG] dem Arbeitgeber vorgeschrieben, die neuen Mitarbeiter, also auch die neuen Auszubildenden, vor Aufnahme ihrer beruflichen Tätigkeiten mit den bekannten gesundheitlichen Gefahren und deren Vermeidung vertraut zu machen. Bei dieser sogenannten Erstunterweisung sollten die langjährigen Beschäftigten den Arbeitgeber unterstützen, weil sie diese Gefahren häufig besser kennen als die Geschäftsleitung.

ARBEITSAUFTRAG ZUR HANDLUNGSSITUATION

Schildern Sie die Erstunterweisung in den Arbeitsschutz in Ihrem Ausbildungsbetrieb zu Beginn der Ausbildung.

____

____

____

____

____

____

____

WEITERE AUFGABEN

1. Beschreiben Sie die Aufgabe der Arbeitsschutzgesetze.

____

____

____

____

2. Man unterscheidet zwei Arbeitsschutzbereiche: den technischen Arbeitsschutz und den sozialen Arbeitsschutz (siehe hierzu Kapitel 1.4). Nennen Sie zu jedem Arbeitsschutzbereich zwei Arbeitsschutzgesetze.

Technischer Arbeitsschutz	Sozialer Arbeitsschutz
➤	➤
➤	➤

3. Stellen Sie die Bedeutung der angeführten Gefahrenpiktogramme dar.

4. Im Baumarkt Trend GmbH arbeiten 40 Mitarbeiter, die sich auf 30 Vollzeitstellen verteilen, und vier Auszubildende.

Überprüfen Sie, ob die folgenden Kündigungen sozial gerechtfertigt sind:

1. Andrea Schlichte ist 40 Jahre alt, ledig und kinderlos. Seit zehn Jahren ist sie in der Abteilung Verkauf tätig. Seit einem Autounfall vor zwei Jahren fehlte sie an insgesamt 156 Arbeitstagen. Mit einer Verbesserung des Gesundheitszustandes ist nicht zu rechnen. Ihr häufiges Fehlen verursacht ständig Kosten, da häufig die Personalplanung abgeändert werden muss, auch sind sehr viele Kunden verärgert, da Vorgänge durch ihre Krankheit nicht termingerecht bearbeitet wurden.

2. Collin Bayer ist 42 Jahre alt, verwitwet und hat drei Kinder. Er arbeitet seit 15 Jahren in der Rechnungserstellung. Aufgrund der Einführung einer vernetzten Auftragsabwicklung kann sein Arbeitsplatz eingespart werden, deshalb kündigt ihm sein Chef, Herr Eicher. Mit ihm in der Rechnungserstellung arbeitet noch Pascal Munz (29 Jahre, ledig, seit drei Jahren im Betrieb, sehr gute Leistungen).

3. Sina Zimmermann ist 28 Jahre alt, ledig. Sie ist seit acht Monaten im Verkauf tätig. Bisher hat sie stets gute Leistungen gezeigt. Sie verhält sich stets korrekt und erledigt die ihr gegebene Arbeit. Ihr Chef, Herr Bitterwolf, kommt mit ihr als Person nicht klar, d. h., er findet sie unsympathisch. Deswegen kündigt er ihr.

Verwenden Sie zur Lösung folgendes Schema!

	1 Andrea Schlichte	2 Collin Bayer	3 Sina Zimmermann
konkreter Kündigungsanlass			
möglicher Kündigungsgrund			
Kündigung sozial gerechtfertigt?			
Begründung			

7 Den Wirtschaftskreislauf kennenlernen

Schulbuch Kap. 2.1

HANDLUNGSSITUATION

Im Elektrofachmarkt Markowsky e. Kfm. im Berliner Stadtteil Wedding informiert sich der Auszubildende zum Verkäufer Tarik Güner bei seinem Mitschüler Krzysztof Wójcik telefonisch, welches Thema in der letzten Woche im Berufsschulunterricht im WiSo-Unterricht erarbeitet wurde. Tarik Güner konnte aus gesundheitlichen Gründen nicht am Unterricht teilnehmen.

Tarik Güner: *„Hallo, Krzysztof, schön dass du dir kurz Zeit für mich nimmst. Du weißt ja, ich war in der letzten Woche krank und habe daher den Unterricht versäumt. Habe ich etwas Wichtiges verpasst?“*

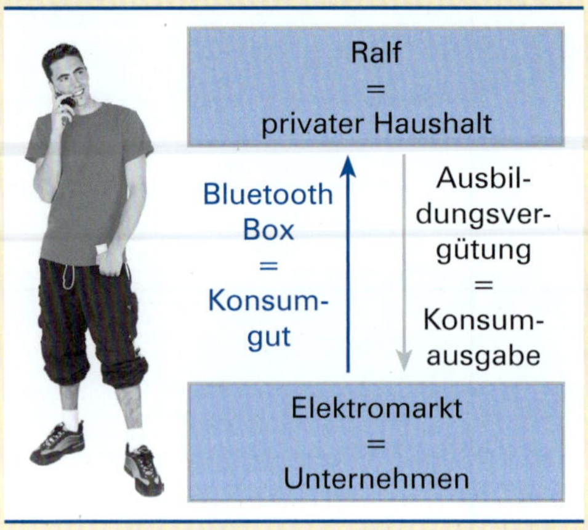

Krzysztof Wójcik: *„Also, im WiSo-Unterricht haben wir den einfachen Wirtschaftskreislauf besprochen. Dabei wurde uns am Beispiel von Ralf, einem Auszubildenden im Einzelhandel, erklärt, wie er sich seinen sehnlichsten Wunsch erfüllt und eine neue Bluetooth Box kauft.“*

Tarik Güner: *„Und was hat das jetzt mit einem Wirtschaftskreislauf zu tun?“*

ARBEITSAUFTRAG ZUR HANDLUNGSSITUATION

Beantworten Sie für Krzysztof die Frage von Tarik. Gehen Sie dabei auf die Begriffe Geld- und Güterstrom ein.

➤ ______________________________

____

____

➤ ______________________________

____

____

➤ ______________________________

____

____

➤ ______________________________

____

____

WEITERE AUFGABEN

1. Erklären Sie die nachfolgenden Begriffe:

Begriffe	Erläuterungen
Unternehmen	
private Haushalte	
Einkommen	
Konsum	

Begriffe	Erläuterungen
Verkaufserlöse	
Geldstrom	
Güterstrom	

2. Im Wirtschaftskreislauf gibt es einen Geld- und einen Güterstrom. Kreuzen Sie an, welcher der folgenden Geschäftsvorgänge einen Geldstrom darstellt.

1	Das Kaufhaus installiert im Büro eine neue Software.	
2	Der Großhändler liefert Waren an.	
3	Das Kaufhaus schickt Waren zurück.	
4	Ein Kunde bezahlt eine Rechnung.	
5	Das Kaufhaus liefert einen gekauften Fernseher an den Kunden aus.	

8 Die Stellung des Einzelhandels in der Gesamtwirtschaft beschreiben

Schulbuch Kapitel 2.2–2.4

HANDLUNGSSITUATION

Yvonne Wohlfahrt, Auszubildende zur Verkäuferin, ist vom Marktleiter ihres Ausbildungsbetriebes, dem Sparmarkt Ingoldstadt GmbH, für den heutigen Arbeitstag zum Auffüllen der Regale in der Lebensmittelabteilung eingeteilt worden.

Die Ware, 30 Kartons mit Fischdosen aus Dänemark, wurde gestern Abend mit einer Spedition angeliefert. Nachdem sie die Anzahl der Kartons auf dem Lieferschein überprüft und die Ware zum Regal gebracht hat, beginnt sie die Fischdosen einzuordnen.

Eine Kundin tritt schon nach kurzer Zeit an das Fischregal und nimmt sich zwei Dosen. *„Endlich ist der Fisch wieder vorrätig. Ich warte seit Tagen auf das Produkt. Gab es etwa Lieferschwierigkeiten oder wurde nicht ausreichend Ware produziert?"*

Yvonne schaut die Kundin etwas ratlos an und mit einem Schulterzucken entgegnet sie: *„Das kann ich Ihnen ehrlich gesagt gar nicht beantworten. Aber ich werde mich beim Marktleiter für Sie erkundigen."*

ARBEITSAUFTRÄGE ZUR HANDLUNGSSITUATION

1. Erläutern Sie, wie die Ware (Fischdosen aus Dänemark) zum Kunden kommt. Gehen Sie in diesem Zusammenhang auch auf die beteiligten Wirtschaftsbereiche (Wirtschaftssektoren) ein.

2. Nennen Sie zwei Beispiele zum tertiären Sektor.

➤

➤

WEITERE AUFGABEN

1. 1.1 Zeigen Sie Zusammenhänge zwischen **Bedürfnis, Bedarf** und **Nachfrage** auf, indem Sie die folgende Abbildung mit den drei Begriffen vervollständigen.

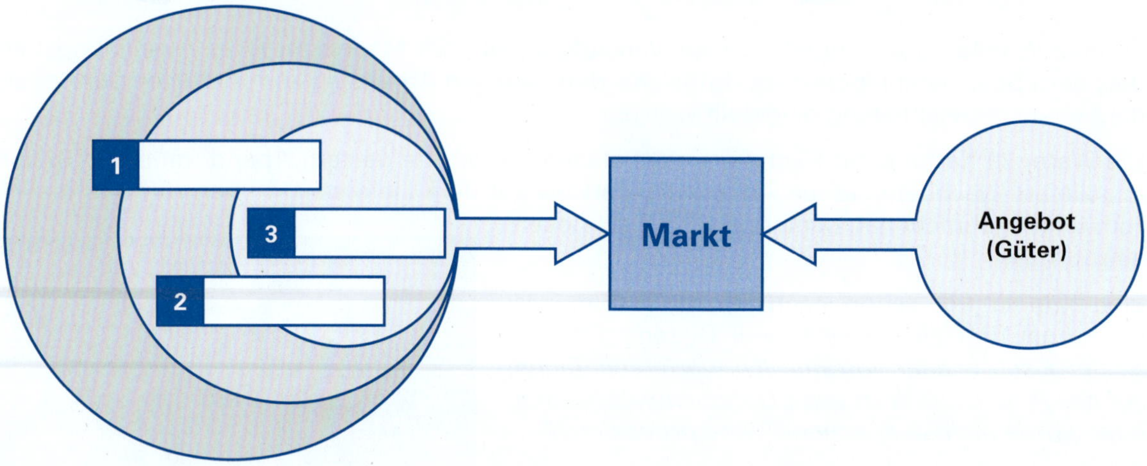

1.2 Erläutern Sie die drei eingetragenen Begriffe.

Zu 1: ______________________________

____

____

Zu 2: ______________________________

____

____

Zu 3: ______________________________

____

____

2. 2.1 Erläutern Sie den Unterschied zwischen Gebrauchs- und Verbrauchsgütern.

Gebrauchsgüter	
Verbrauchsgüter	

2.2 Ergänzen Sie die folgende Tabelle mit je drei Beispielen Ihrer Wahl:

Güterart / Nutzungsmöglichkeit	Konsumgüter	Produktionsgüter
Gebrauchsgüter	➤ ______ ______ ➤ ______ ______ ➤ ______ ______	➤ ______ ______ ➤ ______ ______ ➤ ______ ______
Verbrauchsgüter	➤ ______ ______ ➤ ______ ______ ➤ ______ ______	➤ ______ ______ ➤ ______ ______ ➤ ______ ______

3. Nennen Sie zwei eigene Beispiele für das Handeln nach dem ökonomischen Prinzip ...

3.1 ... im privaten Haushalt: ______

______

______

______

______

3.2 ... im Einzelhandelsbetrieb: ______

______

______

______

______

9 Die Preisbildung auf dem Markt nachvollziehen (Exkurs)

Schulbuch Kap. 2.5

HANDLUNGSSITUATION

Der 18-jährige Max Schlaumeier hat schon recht früh in seinem Leben für sich erkannt, dass er gerne „sein eigenes Ding macht". Es ist daher nur folgerichtig, dass er sich vor drei Monaten selbstständig machte. Zu diesem Zweck hat er gemeinsam mit seinem Vater den Kleinwohnwagen des Großvaters zu einem „Marktstand" umgebaut. Mit dem mobilen Verkaufsstand fährt er jetzt zu verschiedenen Festen in der näheren Umgebung seines Wohnortes, um frisch zubereitete Crêpes zu verkaufen.

Zurzeit überlegt Max, ob er seinen Crêpes-Stand für das eintägige Stadtfest seines Wohnortes am Sonntag anmelden soll. Nach Auskunft der Organisatoren dieses Festes müsste er für den Stand eine Tagesgebühr von 150,00 EUR entrichten. Max verkauft die Crêpes zurzeit mit drei verschiedenen Belägen. Nach seiner Berechnung betragen die Kosten pro Crêpe inklusive Crêpes-Tüte und Serviette unabhängig vom Belag ca. 1,00 EUR. Den Verkaufspreis hat Max seit Beginn seiner Geschäftstätigkeit auf 2,50 EUR festgelegt.

ARBEITSAUFTRÄGE ZUR HANDLUNGSSITUATION

1. Erläutern Sie beispielhaft, wie sich Preisänderungen auf Ihr persönliches Nachfrageverhalten auswirken.

   Bei Preiserhöhung: ______________________________

   ____

   Bei Preissenkung: ______________________________

   ____

2. Erklären Sie, welche Auswirkungen es auf die Preisgestaltung von Max hat, ob es Konkurrenzanbieter gibt oder nicht.

   ____

   ____

   ____

3. Angenommen, Max hätte mit einem Verkaufspreis von 2,00 EUR kalkuliert. Nunmehr stellt er aber fest, dass die beiden anderen Crêpesanbieter 2,50 EUR pro Crêpe nehmen. Erläutern Sie kurz, welche Auswirkungen sich für Max ergeben, wenn er sich den anderen Anbietern anpassen möchte.

   ____

   ____

   ____

WEITERE AUFGABEN

1. Veranschaulichen Sie mithilfe der folgenden Abbildung, wie es auf einem Markt zum Ausgleich der Interessen von Anbietern und Nachfragern kommt.

Tragen Sie hierzu die folgenden Füllwörter in die Abbildung ein:

Nachfrager **Nutzenmaximierung** **Gewinnmaximierung** **Anbieter**

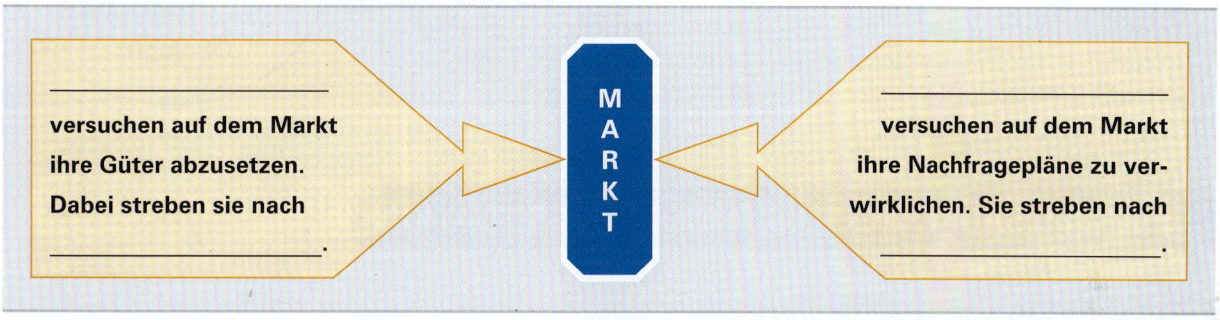

2. Die nachfolgende Tabelle zeigt die Veränderung von Angebot und Nachfrage.

Tragen Sie die jeweilige Veränderung des Gleichgewichtspreises (steigt bzw. sinkt) in die Tabelle ein.

Änderungen	Veränderung des Gleichgewichtspreises
Zunahme der Nachfrage nach Smartwatches bei gleicher Angebotsmenge	
Abnahme der Nachfrage nach Smartwatches bei gleicher Angebotsmenge	
Zunahme des Angebots von Smartwatches bei gleicher Nachfragemenge	
Abnahme des Angebots von Smartwatches bei gleicher Nachfragemenge	

3. Erklären Sie die folgende Aussage: „Der Gleichgewichtspreis räumt den Markt!"

____

____

____

____

10 Umweltschutz und Nachhaltigkeit im Einzelhandel beachten

Schulbuch Kap. 2.6

HANDLUNGSSITUATION

Tatjana Schöne ist Filialleiterin der Drogeriemarktkette „Cool & Fresh". Eine Gruppe von Bewerbern um einen Ausbildungsplatz erhält von Tatjana Schöne einige Informationen zum Unternehmensleitbild und zur Geschäftsstrategie.

Eine umweltbewusste und nachhaltige Sortimentsgestaltung hat zu steigender Beliebtheit bei Kunden und Kundinnen geführt und damit auch zu wachsendem geschäftlichen Erfolg.

Frau Schöne erläutert, dass alle Dimensionen der Nachhaltigkeit in gleichem Maße berücksichtigt werden, um diesen Erfolg auch zukünftig zu sichern.

ARBEITSAUFTRÄGE ZUR HANDLUNGSSITUATION

1. Erläutern Sie den Begriff Nachhaltigkeit.

____

____

____

____

____

____

2. Führen Sie zu jedem der drei Dimensionen der Nachhaltigkeit drei Beispiele an.

Dimensionen der Nachhaltigkeit
Ökonomie
➤ ______________________________
____
____
➤ ______________________________
____
____

Dimensionen der Nachhaltigkeit
➤ ______________________
Soziales
➤ ______________________
➤ ______________________
➤ ______________________
Ökologie
➤ ______________________
➤ ______________________
➤ ______________________

3. Auf den Produkten des Drogeriemarktes fallen einige Kennzeichnungen besonders auf. Recherchieren Sie die Bedeutung der folgenden Umweltsiegel und erläutern Sie diese.

3.1

Erläuterung:

3.2

Erläuterung:

3.3

Erläuterung:

11 Das Sortiment planen

Schulbuch Kap. 4.1

HANDLUNGSSITUATION

Der Drogeriemarkt „Cool & Fresh“ bietet folgende Sortimentsbereiche an:

- Baby und Kleinkind (Körperpflege, Badeaccessoires, Nahrungsmittel, Hygieneprodukte)
- gesunde Ernährung, Nahrungsergänzung
- Foto
- Haarpflege
- Make-up, Hygiene
- Haustierbedarf
- Haushaltsprodukte (Reinigungs- und Pflegemittel)

In allen Sortimentsbereichen wird ein begrenztes Angebot für den Grundbedarf angeboten. Hauptschwerpunkt bilden Produkte der Eigenmarke „Cool & Fresh“.

ARBEITSAUFTRÄGE ZUR HANDLUNGSSITUATION

1. Erläutern Sie, wie das Sortiment des Drogeriemarktes „Cool & Fresh“ angelegt ist. Benutzen Sie die Fachbegriffe aus dem Schulbuch.

____

____

____

____

____

____

Der Sortimentsmanager, Herr Matteo Lombardi, hat die Verantwortung für die Sortimentsgestaltung.

Während einer Teambesprechung mit der Markenmanagerin Carina Malek werden folgende Verkaufserfahrungen diskutiert:

Matteo: *„Ist dir schon aufgefallen, dass immer mehr Kundinnen und Kunden Bio-Produkte bevorzugen?“*

Carina: *„Ja, dabei werden zunehmend vegane Lebensmittel nachgefragt, von Marken, die bei uns fehlen.“*

Matteo: *„Unsere Lebensmittel sind doch schon mehrheitlich vegetarisch ausgerichtet.“*

Carina: *„Ja, aber uns fehlen wichtige Marken bei veganen Lebensmitteln.“*

Matteo: *„Ich finde, wir sollten an weitere Produkte für unser Kernsortiment denken. Dort könnten wir noch neue Warengruppen aufnehmen, beispielsweise für die Fahrradpflege.“*

2. 2.1 Nehmen Sie Stellung zu den Änderungen der Sortimentsgestaltung, die Carina und Matteo vornehmen wollen. Benutzen Sie die Fachbegriffe im Schulbuch.

____

____

____

____

____

____

2.2 Ordnen Sie in der folgenden Tabelle Beispiele von Drogerieprodukten den Spalten Kernsortiment und Randsortiment zu.

Warensortiment einer Drogerie	
Kernsortiment	**Randsortiment**

2.3 Erläutern Sie die nachfolgenden Begriffe und nennen Sie Beispiele:

Markenartikel	
Handelsmarken (Eigenmarken)	
Me-too-Artikel	
No-Name-Artikel	

WEITERE AUFGABEN

1. Das Sortiment eines Kaufhauses ist nach folgenden Teilbereichen aufgebaut: Warenbereich, Warengruppe, Warenart, Artikel.

Bilden Sie zu jedem Teilbereich ein Beispiel aus der Branche Ihrer Wahl.

Teilbereich	Beispiele
Warenbereich	
Warengruppe	
Warenart	
Artikel	

2. 2.1 Nennen Sie stichwortartig vier Gründe, welche die Wahl eines Sortiments beeinflussen.

➤ ______

➤ ______

➤ ______

➤ ______

2.2 Nennen Sie drei Gründe, warum ein Unternehmen Sortimentsänderungen vornimmt.

➤ ______

➤ ______

➤ ______

2.3 Unterscheiden Sie die Begriffe Kernsortiment, Zusatzsortiment und Randsortiment. Nennen Sie je ein Beispiel und geben Sie die Branche an.

Teil des Sortimentsgerüsts	Erläuterung	Beispiele und Branche
Kernsortiment		
Zusatzsortiment		
Randsortiment		

3. Ordnen Sie die folgenden Betriebsformen in das unten stehende Schema ein:

Boutique	Warenhaus	Fachgeschäft
Verbrauchermarkt	Supermarkt	Convenience Store
Spezialgeschäft	Discounter	Fachmarkt

Sortimentsbreite

Sortimentstiefe	schmal	breit
flach		
tief		

4. Füllen Sie die nachfolgende Tabelle aus, indem Sie zunächst beim Begriff Sorte ein Beispiel aus Ihrem Betrieb benennen. Bestimmen Sie anschließend nacheinander den zugehörigen Artikel, die Artikelgruppe, die Warengruppe usw. Verwenden Sie zur Lösung der Aufgabe die nachfolgende Tabelle.

	Beispiel	Beispiel aus Ihrem Betrieb
Sorte	Turnschuhe „Samba“	
Artikel	Hallenfußballschuhe	
Artikelgruppe	Fußballschuhe	
Warengruppe	Sportschuhe	
Warenart	Sportbekleidung	
Warenbereich	Sportwaren	
alle Einzelhandelswaren	Sport- und Freizeitwaren	

12 Eine geeignete Betriebsform auswählen

Schulbuch Kap. 4.3

HANDLUNGSSITUATION

Dirk Beeken, Geschäftsinhaber des mittelständischen Möbelgeschäftes Möbel Beeken GmbH in der Bremer Innenstadt, denkt über eine Erweiterung bzw. eine räumliche Veränderung seines Einzelhandelsunternehmens nach.

Bisher wurden die Waren auf knapp 350 m² Verkaufsfläche angeboten.

Aufgrund des Kundenwandels und der angespannten Parkplatzsituation in der Bremer Innenstadt wäre ein Firmenumzug in das am Bremer Stadtrand angrenzende Gewerbegebiet eine mögliche Alternative. In einem Warenhaus könnte eine 1480 m² große Verkaufsfläche angemietet werden. Hier würde „die Ware für sich selbst sprechen" und die Kunden könnten aus einer Vielzahl von unterschiedlichen Möbeln selbst wählen.

Es käme auch ein Umzug in einen Bremer Vorort infrage. Hier gibt es ein Angebot des Bremer Weserparks, in einem Teil des knapp 9000 m² großen Verkaufsareals die Möbel den unterschiedlichen Kundengruppen anzubieten. Hier wäre mit einer erhöhten Kundenfrequenz zu rechnen. Wichtig wäre in diesem Zusammenhang, das Sortiment den neuen betrieblichen Bedingungen anzupassen. Zusätzliche Artikel, wie z. B. Lampen, müssten angeboten werden. Eventuell müssten sogar weitere Abteilungen, wie z. B. eine Dekorationsabteilung, aufgebaut werden. Dazu müsste Herr Beeken weiteres geschultes Personal für den Verkauf einstellen.

ARBEITSAUFTRÄGE ZUR HANDLUNGSSITUATION

1. Nennen Sie die Betriebsformen, die in den Überlegungen der Möbel Beeken GmbH eine Rolle spielen.

Bisherige Betriebsform: ______________________

Betriebsform am Stadtrand: ______________________

Betriebsform im Weserpark: ______________________

2. Prüfen Sie, welche Betriebsform die Möbel Beeken GmbH noch wählen könnte, um sich in der Bremer Region dauerhaft zu platzieren.

____

____

____

____

____

WEITERE AUFGABEN

1. Erläutern Sie die folgenden Begriffe:

Betriebsform: ______________________________

____

Verkaufsform: ______________________________

____

2. Hakan Demir, Eigentümer eines Fachgeschäfts für Schreibwaren und Bürobedarf, überlegt sich, sein Fachgeschäft in einen Fachmarkt für Bürobedarf umzuwandeln.

2.1 Unterscheiden Sie Fachgeschäft und Fachmarkt hinsichtlich der Verkaufsform, des Personals, Sortiments und Standorts.

	Fachgeschäft	Fachmarkt
Größe		
Personal		
Preisgestaltung		
Standort		

2.2 Zeigen Sie an zwei Beispielen, wie Hakan Demir mögliche Standortnachteile seines Fachgeschäftes ausgleichen kann.

Beispiel 1: ______________________________

____

Beispiel 2: ______________________________

____

13 Unternehmensziele setzen

Schulbuch Kap. 5.1

HANDLUNGSSITUATION

Die KRÖGER AG ist ein Einzelhandelsunternehmen mit rund 200 Filialen im Norden und Nordosten Deutschlands. Sie hat eine neue Firmenbroschüre veröffentlicht, in der sie ihr Unternehmensleitbild darstellt.

KRÖGER AG

Absatz 1: *Im Sinne des Klimaschutzes spielt der Bereich Nachhaltigkeit eine führende Rolle bei allen Unternehmensentscheidungen, insbesondere bei der Gestaltung des Sortiments, der Energieeffizienz und der Transportwege.*

Absatz 2: *Wir streben an, das bedeutendste Einzelhandelsunternehmen im Norden und Nordosten Deutschlands zu werden. Dabei sollen Umsatz und Gewinn entsprechend weiter gesteigert werden.*

Absatz 3: *Neben den Aktionären sollen davon vor allem auch die Mitarbeiter profitieren. Wir wollen weiterhin in guten Geschäftsjahren Prämien ausschütten und mit Betriebskindergärten und betrieblicher Altersvorsorge unserer gesellschaftlichen Verantwortung nachkommen.*

ARBEITSAUFTRÄGE ZUR HANDLUNGSSITUATION

1. Entscheiden Sie, welche Art von Unternehmenszielen in der Firmenbroschüre in den Absätzen 1 bis 3 angesprochen werden. Erläutern Sie diese Unternehmensziele und begründen Sie Ihre Aussage.

Unternehmensziel in Absatz 1:	
☐ ökologisch ☐ ökonomisch ☐ sozial	**Erläuterung:** ____________________ ____________________ ____________________ ____________________

Unternehmensziel in Absatz 2:	
☐ ökologisch ☐ ökonomisch ☐ sozial	**Erläuterung:** ____________________ ____________________ ____________________ ____________________

Unternehmensziel in Absatz 3:	
☐ ökologisch ☐ ökonomisch ☐ sozial	**Erläuterung:** __________ __________ __________ __________

2. Die KRÖGER AG setzt ihre Unternehmensziele in praktische Unternehmensentscheidungen um.

Erläutern Sie in den folgenden Fällen, welche Unternehmensziele (ökonomisch, ökologisch oder sozial) jeweils angesprochen werden (Mehrfachnennungen sind möglich).

		Art des Unternehmensziels
1	Die KRÖGER AG beschließt, für ihre Mitarbeiter eine Kinderbetreuung in Form einer Kindertagesstätte einzurichten, die an Werktagen 10 Stunden täglich geöffnet hat.	
2	Der Fuhrpark der KRÖGER AG wird modernisiert, indem neue Fahrzeuge angeschafft werden, die mit alternativen Antriebstechnologien betrieben werden können.	
3	Die KRÖGER AG sponsert den norddeutschen Eishockeyverein EHV EISBÄR e.V., um diese Sportart zu fördern. In dem Sportverein sollen Werbebanner für die KRÖGER AG deutlich sichtbar aufgehängt werden, um den Bekanntheitsgrad der KRÖGER AG und damit die Umsätze zu steigern.	

3. Unterbreiten Sie der KRÖGER AG drei Vorschläge, wie die Mitarbeiter und Mitarbeiterinnen verstärkt an das Unternehmen gebunden werden können (soziale Ziele).

Vorschlag 1	
Vorschlag 2	
Vorschlag 3	

4. Die KRÖGER AG möchte auch soziale Verantwortung außerhalb des Unternehmensbereichs übernehmen. Machen Sie diesbezüglich zwei Vorschläge.

Vorschlag 1	
Vorschlag 2	

5. Ein wichtiger Bereich sind die ökologischen Unternehmensziele der KRÖGER AG. Unterbreiten Sie zwei Vorschläge, wie diese umgesetzt und in der Öffentlichkeit kommuniziert (verbreitet) werden können.

Vorschlag 1	
Vorschlag 2	

WEITERE AUFGABEN

1. Notieren Sie, welche Formulierung den Begriff Wirtschaftlichkeit richtig beschreibt.

1	Wirtschaftlichkeit bedeutet, dass der größte Umsatz mit den geringsten Kosten erwirtschaftet wird.	
2	Bei Wirtschaftlichkeit werden die Leistungen zu den Kosten in Beziehung gesetzt.	
3	Bei Wirtschaftlichkeit werden die Kosten zum erzielten Umsatz in Beziehung gebracht.	

2. Erklären Sie, weshalb sich die Mitarbeiter eines Einzelhandelsunternehmens eine hohe Rentabilität ihres Unternehmens wünschen.

3. Notieren Sie, welche(s) der nachgenannten Ziele zu den ökonomischen Zielen, den ökologischen Zielen, den sozialen Zielen gehören (gehört).

1	Rentabilität	
2	Nachhaltigkeit	
3	Mitbestimmung	
4	Umweltverträgliche Produkte	
5	Handel mit Waren	

4. Erläutern Sie, warum die Kundenzufriedenheit der wesentliche Erfolgsfaktor eines Einzelhandelsgeschäfts ist.

14 Ein Einzelhandelsgeschäft organisieren

Schulbuch Kap. 5.2

HANDLUNGSSITUATION

In der Zentrale der Münsteraner Raiffeisen Warengenossenschaft eG sind die **Unternehmensbereiche** wie folgt aufgebaut: Einkauf und Verkauf, Logistik, Personal.

- Die **Hauptabteilung Ein- und Verkauf** ist in die drei Abteilungen „landwirtschaftliche Artikel", „Pflanzen" und „Gartenpflege" gegliedert.
  - Der **Abteilung „landwirtschaftliche Artikel"** sind die Stellen „Schubkarren" (SK), „Zubehör und Pflege" (ZUB), „Reinigung und Hygiene" (RH) sowie „Hof und Stall" (HUS) zugeordnet.
  - Der **Abteilung „Pflanzen"** sind die Stellen „Gartenpflanzen" (GP), „Zimmerpflanzen" (ZP), „Schnittblumen" (SB) und „Sämereien" zugeordnet.
  - Die Stellen „Aufsitzmäher" (AM), „Kettensägen" (KS), „Heckenscheren" (HS) und „Arbeitsschutz" (AS) sind Bestandteile der **Abteilung „Gartenpflege"**.

- Die Abteilungen Warenannahme (WA) und das Lager (LG) bilden die **Hauptabteilung Logistik** des Unternehmens. Der Warenannahme ist die Stelle Versand und dem Lager die Stelle Fuhrpark zugeordnet.
- Der **Hauptabteilung Personal** sind die Abteilungen Personalentwicklung (PE), Personalmanagement (PM) und Personalcontrolling (PC) zugeordnet.
- Zur **Geschäftsleitung** zählt auch der Bereich Organisation.

ARBEITSAUFTRAG ZUR HANDLUNGSSITUATION

Stellen Sie den Organisationsplan für die Raiffeisen Warengenossenschaft eG in Münster grafisch dar, indem Sie den drei Unternehmensbereichen die entsprechenden Hauptabteilungen und Abteilungen zuordnen. Nutzen Sie hierzu die Vorlage auf der folgenden Seite.

WEITERE AUFGABEN

1. Beschreiben Sie die Aufgaben der Aufbauorganisation.

____

____

____

____

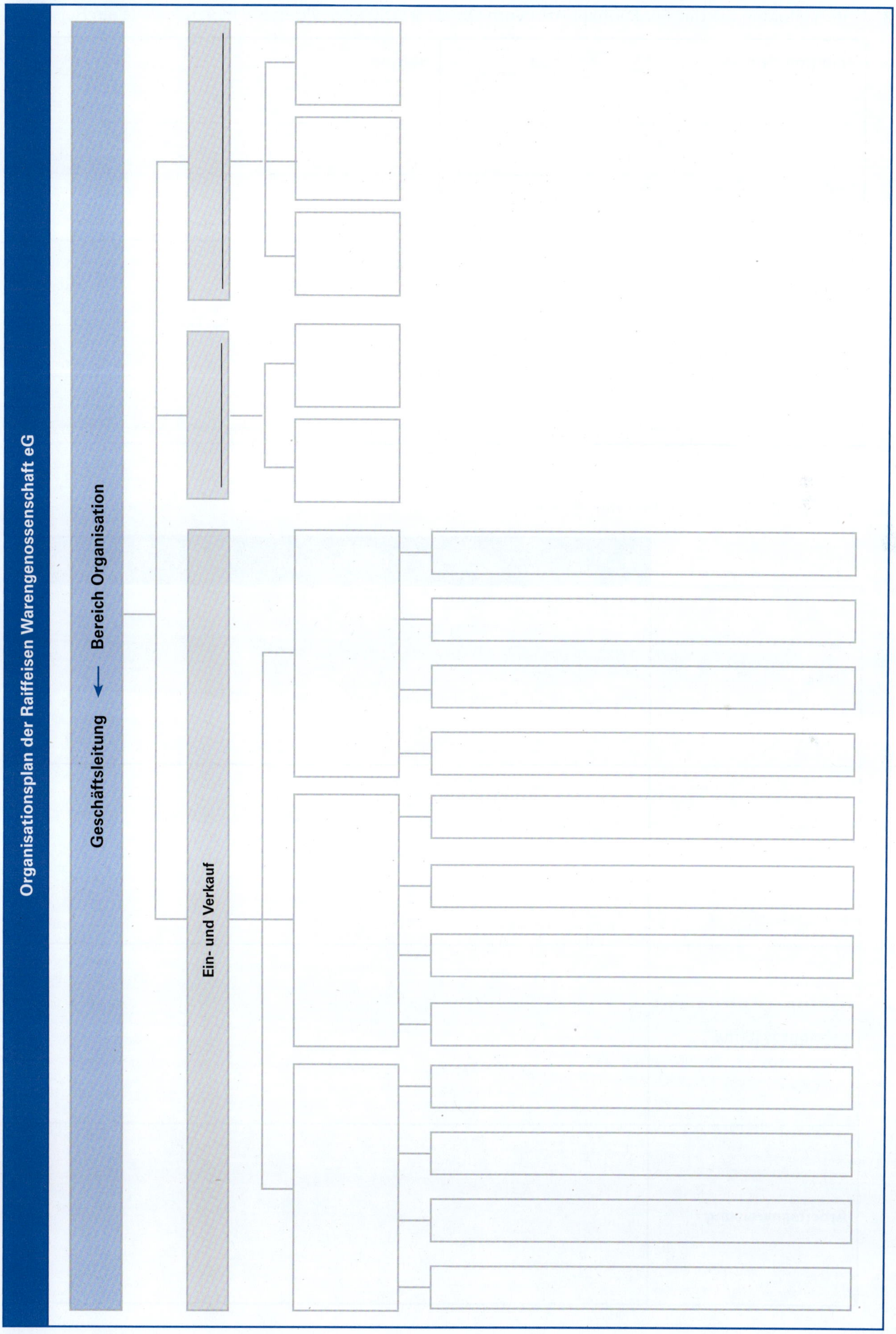
Organisationsplan der Raiffeisen Warengenossenschaft eG
Geschäftsleitung
Bereich Organisation
Ein- und Verkauf

2. Unterscheiden Sie das Funktionsprinzip vom Objektprinzip und bilden Sie hierzu jeweils ein Beispiel.

Funktionsprinzip:	**Beispiel:**
Objektprinzip:	**Beispiel:**

3. Erläutern Sie die nachfolgenden Begriffe.

	Erläuterungen
Stelle	
Abteilung	
Leitungssysteme	
Arbeitsanweisung	

1 Kundenorientiert kommunizieren

Schulbuch Kap. 1

HANDLUNGSSITUATION

Daraz Gündogan, Verkäufer in der Sportartikelabteilung eines Kaufhauses in Schwerin, begrüßt einen Kunden, der sich nach neuen Laufschuhen umschaut.

Verkäufer: *„Guten Tag, Sie suchen einen Laufschuh?"*

Kunde: *„Ja, ich möchte nun mit dem Joggen beginnen, meine Freunde haben mir dazu geraten."*

Verkäufer: *„Wie oft wollen Sie in der Woche laufen und wie viele Kilometer wollen sie dabei in Angriff nehmen?"*

Kunde: *„Ich dachte daran, zweimal die Woche mit fünf Kilometern zu beginnen. Steigern kann ich mich dann ja immer noch."*

Verkäufer: *„Da bin ich ganz Ihrer Meinung. Der Laufuntergrund ist noch wichtig. Können Sie mir sagen, wo Sie Laufen gehen wollen?"*

Kunde: *„Ich dachte da an unseren Stadtwald. Also eher ein harter Untergrund."*

Verkäufer: *„Ja, da gehen Sie kein Risiko ein. Das bedeutet für Sie aber auch, einen Schuh mit einer guten, atmungsaktiven und mitfedernden Profilsohle zu tragen. Dadurch haben Sie den Vorteil, dass die Belastung nicht so sehr auf Ihre Muskulatur einwirken kann. Wir machen gleich mal eine Laufbandanalyse, die wird uns helfen, den richtigen Schuhtyp für Sie zu finden."*

Kunde: *„Können Sie mir sagen, was eine Laufbandanalyse ist?"*

Verkäufer: (nickt) *„Dafür nutzen wir ein Laufband. Sie steigen darauf und lassen es zunächst langsam laufen, dabei filmen wir Ihre Fußstellung. So wird festgestellt, ob eine Überpronation[1] bei Ihren Füßen vorliegt. Das heißt eigentlich nichts anderes als zu schauen, ob sie eine Fehlstellung beim Laufen haben, die der Schuh dann ausgleichen soll."*

Kunde: *„Ach so, das klingt sehr verständlich."*

Verkäufer: *„Dann folgen Sie mir bitte zum Laufband."*

ARBEITSAUFTRÄGE ZUR HANDLUNGSSITUATION

1. Beurteilen Sie, wie der Laufschuh-Kunde das Gespräch wohl wahrnimmt.

____

____

____

____

____

1 **Pronation:** Einwärtsdrehung von Fuß und Hand.

2. Notieren Sie sich die Gesprächsförderer, die Daraz Gündogan in seinem Verkaufgespräch anwendet!

WEITERE AUFGABEN

1. Erläutern Sie die Begriffe **Gesprächsförderer** und **Gesprächsstörer** und bilden Sie hierzu jeweils ein Beispiel.

Gesprächsförderer	Gesprächsstörer
Beispiel:	**Beispiel:**

2. Formulieren Sie die angeführten Negativ-Formulierungen in Positiv-Formulierungen um.

Negativ-Formulierung	Positiv-Formulierung
„Da bin ich nicht zuständig."	
„Da muss ich mal nachsehen."	
„Das könnte ein Problem sein."	
„Das geht nicht."	
„Ich werde es versuchen."	

3. Schildern Sie, wie ein Kunde reagiert, wenn der Verkäufer …

	Handlungsweise des Verkäufers	Mögliche Reaktion des Kunden
1	… unverständlich spricht.	
2	… unklare Formulierungen wählt.	
3	… zu leise spricht.	
4	… ständig Wörter wiederholt.	
5	… Kunstpausen macht.	

4. Die Körperhaltung ist ein wichtiger Teil der Kommunikation.

4.1 Erklären Sie, was die Körperhaltung eines Verkäufers in Form der nebenstehenden Abbildung für den Kunden aussagt.

____

____

4.2 Beschreiben Sie aus Ihrer beruflichen und privaten Erfahrung verschiedene Arten von Körpersprache von Verkäufern. Ordnen Sie Ihre Ergebnisse danach, ob sich die Körpersprache positiv oder negativ auf den Verlauf des Verkaufsgesprächs auswirkt.

Körpersprache des Verkäufers	
positive Auswirkungen	**negative Auswirkungen**

4.3 Berichten Sie über nonverbale Signale (Körpersprache) von Kunden, an denen Sie feststellen können,

- ob die Kunden Beratungsbedarf haben,
- ihnen die Ware gefällt oder
- sie die Ware ablehnen.

Der Kunde signalisiert ...	**... Beratungsbedarf**	**..., dass ihm die Ware gefällt.**	**..., dass ihm die Ware nicht gefällt.**
Das erkenne ich daran, dass ...	➤	➤	➤
	➤	➤	➤
	➤	➤	➤

5. Erläutern Sie die Rolle der Distanz in einem Verkaufsgespräch.

6. Nehmen Sie Stellung zu folgender Verkäuferaussage und begründen Sie Ihre Meinung.

„Wenn ich schlechte Laune habe, dann muss meine Umwelt damit zurechtkommen. Ich muss ja schließlich auch die Launen der Kunden ertragen.“

7. Nennen Sie vier Quellen, durch die sich Verkäufer über neue Artikel und Trends informieren können.

➤

➤

➤

➤

8. Notieren Sie, welche Verkaufsform Sie sich als Kunde beim Kauf folgender Waren wünschen:

Wanderschuhe	
einem Sommerkleid	
Fleisch- und Wurstwaren	
einem Fruchtsaftgetränk	

9. Nennen Sie in Stichworten Vor- und Nachteile beim Bedienungsgeschäft, beim Geschäft mit Vorwahl und beim Selbstbedienungsgeschäft

- aus Sicht des Geschäftes,
- aus Sicht des Kunden.

Betriebsform	Vorteile		Nachteile	
	für das Geschäft	für den Kunden	für das Geschäft	für den Kunden
Bedienungsgeschäft (z. B. Fachgeschäft)				
Geschäft mit Vorwahl (z. B. Kauf- und Warenhäuser)				
Selbstbedienungsgeschäft (z. B. Supermarkt)				

2 Verkaufsgespräche erfolgreich vorbereiten

Schulbuch Kap. 2

HANDLUNGSSITUATION

Torben Ernst ist Auszubildender in einem Einzelhandelsunternehmen mit einer wachsenden Multimedia-Abteilung. Dieser Geschäftszweig interessiert ihn besonders. Es werden hier Computerspiele für alle Plattformen angeboten sowie Hardware mit benötigtem Zubehör.

Torben möchte nach seiner Ausbildung Fachverkäufer in dieser Branche im Einzelhandel werden. Er weiß aber, dass die Konkurrenz der digitalen Vertriebskanäle im Onlinehandel sehr stark ist.

Beim Einräumen neuer Ware beobachtet sein Ausbilder, Oliver Kaplan, die Begeisterung, mit der Torben die Neuheiten registriert.

Oliver: *„Das scheint dir ja sehr zu gefallen, was wir da Neues hereinbekommen haben!"*

Torben: *„Ja, dafür habe ich ja auch die Bestellungen aufgegeben. Gut, dass es so schnell gekommen ist. So haben wir wirklich das Neuste anzubieten, was es auf dem Markt gibt. Ich freue mich schon darauf, das den Kunden zeigen zu können. Aber viele bestellen im Internet, habe ich festgestellt."*

Oliver: *„Wir können als Einzelhändler aber damit punkten, dass wir individuell beraten und alles, was den Kunden interessiert, ausprobieren lassen können. Das bietet eine Chance, sich eine treue Stammkundschaft aufzubauen."*

Torben: *„Ich habe sehr viele Spezialkenntnisse über Electronic Games, aber damit komme ich oft gar nicht zum Zuge!"*

Oliver: *„Fachkenntnisse allein genügen nicht. Das Gespräch muss gut vorbereitet sein. Zuerst einmal musst du einen Kontakt zum Kunden herstellen. Du musst herausbekommen, wofür sich der Kunde interessiert. Dann heißt es, die passende Ware dafür bereithalten."*

Torben: *„Manchmal ist das schwierig, weil die Kunden oft so abweisend und verschlossen wirken. Ich möchte ja nicht zu aufdringlich erscheinen."*

Oliver: *„Achte auf bestimmte Signale der Körpersprache von Kunden. Womit beschäftigt der Kunde sich gerade, was schaut er sich – unter Umständen mehrmals – an. Vielleicht ist er für deine Hilfe und deinen Rat dankbar. Auch deine eigene Körpersprache ist wichtig. Zeige dich freundlich und dem Kunden zugewandt, ohne ihn zu bedrängen."*

Torben: *„Das klingt schwierig. Wie soll ich denn am besten anfangen?"*

Oliver: *„Am besten bist du mit deinen Fachkenntnissen aufgestellt. Das hilft dir, die richtigen Fragen zu stellen. In der Regel läuft ein Gespräch nach einem gewissen Schema ab. Es darf aber nicht der Eindruck entstehen, dass bestimmte Punkte einfach ‚abgehakt' werden!*

Zunächst heißt es, dem Kunden ein Produkt nahezubringen. Es sollte ein Produkt sein, dass den Interessen des Kunden nach erster Einschätzung entspricht. Dann wird festgestellt, ob der Kunde wirklich Interesse an dem Angebot hat.

Danach gibt es eigentlich nur zwei Möglichkeiten: Entweder der Kunde möchte kaufen oder nicht. Sollte er sich für den Kauf entscheiden, können wir die Kaufentscheidung nochmals unterstützen, indem wir weitere Leistungen anbieten."

ARBEITSAUFTRAG ZUR HANDLUNGSSITUATION

Halten Sie die wichtigsten Ratschläge von Oliver Kaplan zur Gestaltung eines erfolgreichen Verkaufsgesprächs im folgenden Schaubild fest.

Tipps für ein Verkaufsgespräch

3 Kontakt aufnehmen

Schulbuch Kap. 2.1

HANDLUNGSSITUATION

In dem Outdoor-Fachmarkt **Nature & More** möchte sich eine Kundin nach dem Bergschuh „Alpin" erkundigen. Der Verkäufer geht auf die Kundin zu und spricht sie an.

Verkäufer: *„Guten Tag! Das ist ein speziell für den Winter konzipierter Bergschuh, der wurde extra für das Eisfallklettern entwickelt."*

Kundin: *„Hallo! Ja, dann ist das wohl nicht das Richtige für mich."*

Verkäufer: *„Wofür genau suchen Sie denn einen Schuh?"*

Kundin: *„Ich wandere sehr gerne und möchte mir jetzt endlich das passende Schuhwerk zulegen. Letztes Wochenende habe ich mit meinem Mann eine 3-stündige Wanderung hier in den nahen Wäldern gemacht. Bei dieser Tour habe ich mich in meinen Sneakern nicht mehr wohlgefühlt."*

Verkäufer: *„Da haben Sie recht, den Alpin brauchen Sie dafür wirklich nicht. Für Ihre Zwecke bietet sich der Allround Trekkingschuh Aktiv an. Dieser ist durch die Goretex-Membrane wasserabweisend und für jedes Wetter geeignet. Die sehr stabile Profilsohle bewahrt Sie vor unliebsamen Ausrutschern."*

Kundin: *„Das klingt gut, haben Sie den Schuh auch in meiner Schuhgröße vorrätig?"*

ARBEITSAUFTRAG ZUR HANDLUNGSSITUATION

Beurteilen Sie die Kontaktaufnahme des Verkäufers.

WEITERE AUFGABEN

1. Im Einzelhandel werden verschiedene Verkaufsformen unterschieden:

- Bedienung
- Selbstbedienung
- Vorwahl

1.1 Erläutern Sie, welche Verkaufsform in Ihrem Ausbildungsunternehmen den größten Anteil hat.

1.2 Begründen Sie, wodurch die Wahl der geeigneten Verkaufsform in erster Linie bestimmt wird.

1.3 Bei der Vorwahl ist es wichtig, im richtigen Moment mit dem Kunden Kontakt aufzunehmen. Beschreiben Sie drei geeignete Kundensignale für die Kontaktaufnahme.

- ➤
- ➤
- ➤

1.4 Im Vorwahlsystem haben Sie als Verkäufer verschiedene Möglichkeiten der Kontaktaufnahme.

1.4.1 Zeigen Sie an einer selbst gewählten Ware, die im Vorwahlsystem verkauft wird, wie Sie mit einer Kundin, die sich mit der Ware beschäftigt, Kontakt über die Ware aufnehmen **(warenbezogene Kontaktaufnahme).**

Nennen Sie zuerst die Ware und formulieren Sie dann die Kontaktaufnahme in wörtlicher Rede.

1.4.2 Formulieren Sie außerdem eine **kundenbezogene Kontaktaufnahme** mit einem Stammkunden.

____

____

____

____

2. In der Lebensmittelabteilung wird Frischfisch bei Bedienung angeboten.

2.1 Nennen Sie die zwei Aufgabenschwerpunkte des Verkäufers.

➤ ____

➤ ____

2.2 Nennen Sie zwei Gründe, warum Fisch in Bedienung verkauft wird.

➤ ____

____

➤ ____

____

2.3 Nennen Sie zwei weitere Waren- oder Artikelgruppen aus anderen Branchen, die vorwiegend oder ausschließlich in Bedienung verkauft werden und begründen Sie jeweils die Entscheidung für diese Verkaufsform.

	Waren-/Artikelgruppe	**Grund für die Verkaufsform „Bedienung"**
Beispiel (1)		
Beispiel (2)		

3. Sie haben die Aufgabe übernommen, für eine Lerngruppe eine Merkregel über Verkaufsgespräche auf ein Poster zu schreiben. Das Poster ist ein Lückentext und sieht zurzeit so aus:

Ziel eines Verkaufsgespräches ist es, einen vom Verkäufer und (1) ______________ gewünschten Verkaufsabschluss herbeizuführen.

Der Verkäufer führt das Verkaufsgespräch, um die (2) ______________ und (3) ______________ des Kunden zu erfahren.

Der Verkäufer bietet dem Kunden daraufhin das (4) ______________ bzw. die (5) ______________ an, die den Wünschen und Bedürfnissen des Kunden entsprechen.

Der Verkaufsabschluss ist erst dann (6) ______________, wenn es zu einem vom (7) ______________ und (8) ______________ gewünschten (9) ______________ kommt und für das Unternehmen ein (10) ______________ erzielt wird.

Für die Lücken haben Sie die entsprechenden Begriffe auf Pappschildern vorbereitet. Diese liegen jetzt ungeordnet vor Ihnen:

i) Käufer

h) Gewinn

a) Produkt

c) Wünsche

e) Dienstleistung

g) Verkäufer

d) Bedürfnisse

f) Käufer

j) erfolgreich

b) Kaufabschluss

Fügen Sie die Begriffe in den obigen Lückentext ein, um die Merkregel sinnvoll zu vervollständigen. Lesen Sie anschließend den Text durch und prüfen Sie, ob Sie die Lösung so Ihrer Lerngruppe präsentieren können.

4. Ein ca. 60-jähriger Kunde betritt den Laden und wendet sich entschlossen den Regalen mit den Kaffeemaschinen zu. Der Verkäufer bemerkt den Kunden, geht auf ihn zu und spricht ihn an.

Verkäufer: *„Hallo, kann ich Ihnen helfen?“*

Kunde: *„Nein danke, ich möchte mich erst umsehen.“*

Verkäufer: *„Sie interessieren sich für Kaffeemaschinen?“*

Kunde: *„Ja schon, aber ich möchte mir erst einen Überblick verschaffen“.*

Verkäufer: *„Wenn Sie meinen.“*

Der Verkäufer wendet sich mit einer entnervten Geste ab.

4.1 Vergleichen Sie die Kontaktaufnahme des Verkäufers mit dem Kunden mit den Gesprächsregeln, wie mit Kunden in Kontakt getreten werden sollte. Beurteilen Sie das Verhalten des Verkäufers.

4.2 Falls Sie bei 4.1 Verbesserungsbedarf beim Verhalten des Verkäufers sehen, schlagen Sie eine Äußerung in wörtlicher Rede vor, die das Gespräch positiv beeinflusst und fördert.

5. Viele Verkäufer behaupten, dass die persönliche Anrede des Kunden mit seinem Namen und/oder Titel verkaufsfördernd sei.

Wie ist Ihre Meinung dazu? Diskutieren Sie in Ihrer Lerngruppe, welche Erfahrungen Sie damit gemacht haben.

6. In der Sportabteilung eines Kaufhauses nimmt ein junge Frau, Anfang 20, nacheinander verschiedene Sportschuhe aus dem Regal, prüft sie eingehend und stellt sie wieder zurück. Sie sieht sich dabei immer wieder um und scheint recht unschlüssig.

Während sie dem Verkäufer den Rücken zuwendet, kommt dieser plötzlich von hinten auf sie zu und beginnt das Gespräch:

Verkäufer: *„Suchen Sie etwas Bestimmtes?"*

Kundin: *„Ja, einen Sportschuh."*

Verkäufer: *„Welche Größe?"*

Kundin: *„Normalerweise 37, manchmal auch 38."*

Verkäufer: *„Da kommen diese beiden Regale infrage. Was möchten Sie denn anlegen?"*

Kundin: *„Och, ich weiß nicht. Was kostet denn ein guter Schuh?"*

Verkäufer: *„Das kommt darauf an. Für welche Sportart soll der Schuh denn sein?"*

Kundin: *„Ich habe mich gerade in einem Fitnessstudio angemeldet. Außerdem gehe ich regelmäßig zum Basketball spielen in eine Halle."*

Verkäufer: *„Ja, das wird im Moment schwierig. Da brauchen Sie ja einen Schuh mit heller Sohle."*

Kundin: *„Das habe ich mir schon gedacht. Haben Sie denn nichts Entsprechendes da?"*

Verkäufer: *„Vielleicht kommt dieser hier infrage. Probieren Sie ihn mal an, der hat eine helle Sohle und ist außerdem mit 59,00 EUR recht günstig."*

6.1 Beurteilen Sie das Verhalten und die Vorgehensweise des Verkäufers bei der Kontaktaufnahme.

____

____

____

____

____

6.2 Formulieren Sie in wörtlicher Rede, wie Sie als Verkäufer in diesem Fall zu der Kundin Kontakt aufnehmen würden. Begründen Sie die Vorteile Ihrer Vorgehensweise.

____

____

____

____

____

7. Ein rüstiger älterer Herr in sportlichem Outfit betritt den Outdoor-Fachmarkt Nature & More. Er schaut sich etwas unschlüssig und suchend um. Verkäufer Thorsten Lustig sagt leise zu dem Auszubildenden Niklas Rührig: „Das ist Herr Rettig, ein Stammkunde. Er macht gern Bustouren in die Berge; manchmal wandert er da auch. Du könntest ihn jetzt mal bedienen; er ist aber etwas schwierig."

Niklas: *„Guten Tag, Herr Rettig. Ich bin Niklas Rührig, der neue Auszubildende. Wie kann ich Ihnen behilflich sein?"*

Herr Rettig: *„Guten Tag. Ich suche Stöcke."*

Niklas überlegt und ihm fällt ein, was Thorsten ihm gerade über den Kunden gesagt hat. Wahrscheinlich sucht Herr Rettig Trekkingstöcke für Bergwanderungen.

Niklas: *„Möchten Sie damit vielleicht in den Bergen wandern? Das ist jetzt um diese Jahreszeit ja besonders schön! Das mache ich auch sehr gern."*

Herr Rettig: (zögernd) *„Ja, im Allgäu. Ist das denn jetzt wichtig, junger Mann?"*

Niklas: *„Für die Berge brauchen Sie besonders stabile Trekkingstöcke, das ist vor allem beim Auf- und Abstieg wichtig. Ich empfehle Ihnen unser neustes Modell „Easy Climb", Material Carbon, höhenverstellbar, mit gummierten Griffen, das ist sehr angenehm. Schauen Sie, diese hier wären für Sie genau richtig."*

7.1 Erläutern Sie, welche Regeln der Kontaktaufnahme Niklas anwendet.

7.2 Beurteilen Sie, ob Grundlagen einer fachkundigen Beratung in diesem Gespräch erkennbar sind und begründen Sie Ihre Aussage. Nennen Sie Grundlagen einer fachkundigen Beratung.

4 Den Bedarf ermitteln

Schulbuch Kap. 2.2

HANDLUNGSSITUATION

In dem Outdoor-Fachmarkt **Nature & More** fällt der Blick einer Verkäuferin auf eine jüngere, etwas übergewichtige Kundin, die sich unsicher umschaut. Die Verkäuferin geht auf sie zu und spricht sie an.

Verkäuferin: *„Hallo, wie kann ich Ihnen helfen?"*

Kundin: *„Hallo, ich glaube, ich bin ein etwas schwieriger Fall. Ich suche eine Wanderhose, die aber bequem sein soll und mich nicht so dick aussehen lässt."*

Verkäuferin: *„Kein Problem. Wir haben eine große Auswahl einer phantastischen Marke, die sehr figurfreundlich und bequem ist! Kommen Sie doch bitte mal mit."*

Kundin: *„Das hört sich ja gut an! Ich möchte nicht so ein schreckliches Modell, in Orange wie da im Fenster!"*

Verkäuferin: *„Wir finden sicher etwas Passendes für Sie. Die Marke Wanderwill bietet eine ganze Palette an Outdoor-Hosen in modisch-dezenten Farben und komfortablen Größen. Probieren Sie mal diese an: Die hat alle Eigenschaften, die eine gute Wanderhose ausmachen. Die Stretcheinsätze an den genau richtigen Stellen und die maßgeschneiderte Passform verleihen eine lässige Sportlichkeit und sorgen für maximale Beweglichkeit."*

Kundin: *„Die Farbe passt nicht so recht zu meiner Jacke. Haben Sie vielleicht etwas in einem Grünton?"*

Verkäuferin: *„Dieses Modell gibt es in unterschiedlichen Farben. Wie gefällt Ihnen diese hier? Das ist eine in Moosgrün, diese Farbe ist zurzeit sehr in Mode."*

ARBEITSAUFTRAG ZUR HANDLUNGSSITUATION

Beurteilen Sie, wie die Verkäuferin den Kundenbedarf ermittelt.

WEITERE AUFGABEN

1. Die immer elegant gekleidete Stammkundin Elvira Wolf, etwa 60 Jahre alt, betritt das Textilfachgeschäft Modetreff GmbH. Die Verkäuferin Silke Meier spricht die Kundin an:

(1) Verkäuferin: *„Guten Tag, was kann ich für Sie tun?"*
Kundin: *„Guten Tag, Frau Meier! Mein Sohn wünscht sich einen neuen Pullover zum Geburtstag. Ich habe mir schon so viele angesehen und weiß jetzt gar nicht mehr, was für einen ich nehmen soll!"*

(2) Verkäuferin: *„Aus welchem Material sollte der Pullover denn sein?"*
Kundin: *„Darüber bin ich mir noch unschlüssig. Merinowolle vielleicht?"*

(3) Verkäuferin: *„Einen Pullover aus Merinowolle führen wir zurzeit leider nicht. Wir haben jedoch schöne Lambswoolpullover und hochwertige Pullover aus Alpaka."*
Kundin: (überlegt)

(4) Verkäuferin: *„Alpaka ist ein sehr hochwertiges Material, dadurch wird der Pullover natürlich teurer. Wie viel wollen Sie denn anlegen?"*
Kundin: *„Darüber habe ich mir bisher keine Gedanken gemacht."*

(5) Verkäuferin: *„Dann wird es schwierig, einen geeigneten Pullover für Ihren Sohn zu finden!"*

1.1 Beurteilen Sie die Kontaktaufnahme (1).

___

___

___

1.2 Wie würden Sie die Kundin ansprechen, wenn diese bereits einen Pullover in den Händen hält? Formulieren Sie in wörtlicher Rede eine geeignete Kontaktaufnahme.

___

___

___

1.3 Die Verkäuferin fragt die Kundin nach ihren Materialvorstellungen (2), (3). Halten Sie diese Frage für gelungen? Begründen Sie Ihre Meinung.

___

___

___

1.4 Beurteilen Sie die Formulierung der Verkäuferin in (4). Stellen Sie dar, wie Sie vorgegangen wären.

___

___

___

1.5 Beurteilen Sie die Schlussformulierung (5) der Verkäuferin. Gehen Sie dabei auf die Kundenwirkung der gewählten Worte ein.

____

____

____

____

2. Formulieren Sie jeweils einen Vorteil und einen Nachteil der direkten Bedarfsermittlung für den Kunden.

	Direkte Bedarfsermittlung	Indirekte Bedarfsermittlung
Vorteil		
Nachteil		

3. Elena Jordan ist Auszubildende im zweiten Ausbildungsjahr in einem Elektromarkt. Heute beobachtet sie einen etwa 20-jährigen Mann, der schon einige Zeit vor dem Regal mit Rasierapparaten steht und die ausgestellte Ware betrachtet. Elena geht auf den Kunden zu:

Gespräch Phase A	Elena: *„Guten Tag, wie kann ich Ihnen helfen?"* Kunde: *„Guten Tag, ich suche einen Rasierapparat."*
Gespräch Phase B	Elena: *„Haben Sie schon eine bestimmte Vorstellung?"* Kunde: *„Nein. Aber ich brauche einen hautschonenden Apparat. Ich leide nämlich unter Hautreizungen."* Elena: *„Welchen Elektrorasierer benutzen Sie denn zurzeit? Wir empfehlen Geräte mit Rundscherköpfen, die passen sich gut der Gesichtskontur an."* Kunde: *„Mit meinem jetzigen Apparat komme ich nicht gut zurecht. Könnten Sie mir bitte mal ein Gerät mit Rundscherköpfen zeigen?"*

3.1 Nennen Sie die Phase des Verkaufsgespräches, um die es sich bei Phase A handelt.

3.2 Beurteilen Sie Elenas Vorgehen in der vorgegebenen Situation.

3.3 Stellen Sie dar, welche situationsbezogene Lösung hier auch möglich gewesen wäre.

3.4 Nennen Sie die Phase des Verkaufsgespräches, um die es sich bei Phase B handelt.

3.5 Beurteilen Sie Elenas Fragestellungen in der vorgegebenen Situation.

1. Frage: *„Haben Sie schon eine bestimmte Vorstellung?"*

2. Frage: *„Welchen Elektrorasierer benutzen Sie denn zurzeit?"*

4. Notieren Sie, um welchen Fragetyp es sich bei den nachfolgenden Fragen jeweils handelt:

		Fragetyp
1	*„Möchten Sie lieber die braune oder die schwarze Ledermappe?"*	
2	*„Welche Anforderungen stellen Sie an einen Rasenmäher?"*	
3	*„Kann ich Ihnen helfen?"*	
4	*„Sie möchten doch bestimmt die wiederaufladbaren Batterien!"*	
5	*„Sie rechnen wahrscheinlich mit einem sehr hohen Preis!"*	

5. In einem Einzelhandelsgeschäft mit Vorwahlsystem beobachtet ein Verkäufer einen Kunden, der an einer Hose das Preisschild liest und das Pflegeetikett studiert. Daraufhin geht der Verkäufer auf den Kunden zu und spricht ihn an:

Verkäufer: *„Guten Tag!"*
Kunde: *„Guten Tag!"*
Verkäufer: *„Suchen Sie etwas Bestimmtes?"*
Kunde: *„Ich suche eine Hose."*

5.1 Formulieren Sie in wörtlicher Rede, wie in diesem Fall eine bessere Kontaktaufnahme erfolgen sollte.

____

____

____

____

5.2 Der Verkäufer hat im Rahmen der Bedarfsermittlung verschiedene Möglichkeiten, das Verkaufsgespräch weiterzuführen. Beschreiben Sie die Weiterführung des Verkaufsgespräches

... im Rahmen der **direkten** Bedarfsermittlung: ____________________

____

____

____

____

____

… im Rahmen der **indirekten** Bedarfsermittlung: ______________________

____

____

____

____

____

6. Rollenspiel

In der Parfümerie „Flakon" probiert die Stammkundin Daisy Huber das neue Parfüm von Chanel aus. Die Verkäuferin bedient bereits eine Kundin.

Rollenkarte Daisy Huber

Sie möchten sich ein neues Parfüm kaufen, das in der letzten Zeit stark beworben wurde und probieren dies in einem Geschäft aus.

Rollenkarte Verkäuferin

Heute ist ziemlich viel los. Sie befinden sich in einem Verkaufsgespräch. Die Stammkundin, Frau Huber, betritt das Geschäft und wendet sich den Parfüms zu. Nehmen Sie Kontakt zur Kundin Huber auf.

Rollenkarte 2. Kundin

Sie lassen sich in der Parfümerie von einer Verkäuferin ausführlich beraten.

Lassen Sie mehrere Male die Verkäuferin von unterschiedlichen Personen spielen. Vergleichen Sie anschließend die Verhaltensweisen. Halten Sie das richtige Vorgehen schriftlich fest.

7. Stellen Sie fest, welches Einkaufsproblem die Kunden (1) bis (5) jeweils haben und formulieren Sie in wörtlicher Rede einen Gesprächseinstieg.

	Einkaufsproblem	Möglicher Gesprächseinstieg
(1)	Kunde ist sich nicht sicher, ob die Jeans ihm passt.	

	Einkaufsproblem	Möglicher Gesprächseinstieg
2	Kundin sucht eine wichtige Information, möglicherweise die Altersangabe.	
3	Kundin weiß nicht, ob die Farben zueinander passen.	
4	Kunde sucht möglicherweise nach Hinweisen zur Geschmacksrichtung.	
5	Kundin ist sich hinsichtlich der Farbe unsicher.	

8. Formulieren Sie aus den geschlossenen Fragen offene Fragen.

	Geschlossene Fragen	Offene Fragen
1	*„Haben Sie bestimmte Vorstellungen von Ihrem neuen Fahrrad?"*	
2	*„Gefällt Ihnen die Farbe Gelb?"*	
3	*„Haben Sie das neuste Update schon?"*	

5 Die Ware vorlegen

Schulbuch Kap. 2.3

HANDLUNGSSITUATION

In dem Outdoor-Fachmarkt **Nature & More** geht eine Verkäuferin auf eine Kundin zu, die sich in Begleitung eines ca. 7-jährigen Mädchens befindet.

Verkäuferin: *„Guten Tag! Wie kann ich Ihnen behilflich sein?"*

Kundin: *„Hallo, meine Tochter braucht eine neue Skihose. Die im Schaufenster gefällt ihr, die in Rosa."*

Verkäuferin: (nimmt die entsprechende Hose vom Ständer) *„Das ist diese hier – ein ganz besonders schickes Modell von der Firma Kieks.de. Sie ist für die Piste genau richtig: warm, wasserdicht und atmungsaktiv. Das Besondere daran ist, dass die Hose sehr flexibel ist und sich in Größe, Beinlänge und Körperform maßgenau einstellen lässt. Die Hose wächst quasi mit. Die Träger sind abnehmbar. Das Material ist sehr strapazierfähig. Fühlen Sie selbst."*

Kundin: (nimmt die Ware in die Hand) *„Ja, die Hose macht wirklich einen sehr soliden Eindruck."* (Zur Tochter gewandt) *„Komm, Chantal, die probierst du jetzt mal an."*

Verkäuferin: *„Wenn Sie mir bitte folgen wollen, die Umkleidekabine ist gleich dort drüben."*

ARBEITSAUFTRAG ZUR HANDLUNGSSITUATION

Beurteilen Sie die Vorgehensweise der Verkäuferin.

WEITERE AUFGABEN

1. In einem Elektrofachmarkt entwickelt sich folgendes Verkaufsgespräch:

Kundin: *„Ich hätte gern einen Entsafter."*

Verkäuferin: *„Denken Sie an eine bestimmte Marke?"*

Kundin: *„Nein, eigentlich nicht."*

Verkäuferin: (holt drei Geräte aus einem Regal und beginnt damit, diese vor der Kundin aufzubauen)

Kundin: *„Der Entsafter soll aber nicht so kompliziert sein, leicht zu reinigen und nicht so teuer sein."*

Verkäuferin: *„Dann empfehle ich Ihnen den QUICKJUICE. Er verfügt über eine ganz neue Reinigungstechnik, die das Gerät in nur einer Minute hygienisch reinigt. Die Bedienung ist sehr einfach, die Teile lassen sich ganz leicht zusammensetzen. Durch den transparenten Deckel können Sie sehen, wenn der Behälter voll ist."* (Sie führt das mit wenigen Handgriffen vor.)

Kundin: *„Haben Sie die genauen technischen Daten dazu mit allen Anweisungen für den Gebrauch?"*

Verkäuferin: *„Das finden Sie alles in der Bedienungsanleitung. Außerdem liegt in der Verpackung noch ein kleines Rezeptbuch."*

1.1 Nennen Sie die zwei Kaufmotive, die die Kundin hat.

➤ ______________________________

➤ ______________________________

1.2 Beschreiben Sie, welchen Vorteil die von der Verkäuferin angewandte Methode der Bedarfsermittlung (Vorlage von drei Entsaftern) hat.

____

____

____

____

____

1.3 Erklären Sie, mit welcher Fragestellung die Verkäuferin das Verkaufsgespräch beginnt. Beschreiben Sie, welchen Nachteil diese Fragetechnik haben kann.

____

____

____

____

____

1.4 Beschreiben Sie, welche Folgen möglich sind, wenn sich die Verkäuferin nur mit dem Hinweis auf die Bedienungsanleitung begnügen würde. (Geben Sie drei mögliche Folgen an.)

➤ ______________________________

____

➤ ______________________________

____

➤ ______________________________

____

1.5 Nennen Sie zwei Grundsätze der Warenvorlage und erläutern Sie diese.

➤ ______________________________

____

➤ ______________________________

____

2. Ergänzen Sie die Spalte Waren in der Tabelle mit drei Waren aus Ihrem Ausbildungsbetrieb oder anderen Einzelhandelsbetrieben. Formulieren Sie, in welcher Weise die Waren die Sinne ansprechen und vervollständigen Sie die Tabelle.

Waren	**Sehen**	**Hören**	**Berühren**	**Riechen**	**Schmecken**

3. In einem Fachmarkt für Unterhaltungselektronik sitzt ein Verkäufer kurz vor Ladenschluss erschöpft hinter der Ladentheke – den Kopf auf die Tischplatte gestützt. Er schaut genervt zu einem Kunden hinüber, der vermutlich etwas sucht.

Der Kunde wendet sich an den Verkäufer:

Kunde: *„Kann ich jemanden sprechen, der mich über Bluetooth Lautsprecher berät?“*

Verkäufer: (schaut auf die Uhr) *„Das ist gerade schlecht. Der Kollege, der sich damit auskennt, ist nicht mehr hier.“*

Kunde: *„Und was jetzt?“*

Verkäufer: *„Was wollen Sie denn ausgeben?“*

Kunde: *„Vielleicht so um die 100,00 EUR“.*

Der Verkäufer erhebt sich und verschwindet wortlos in den hinteren Bereich des Verkaufsraums. Dann kommt er mit einem verpackten Gerät zurück. Der Kunde schaut erwartungsvoll auf die Abbildungen des verschlossenen Kartons.

Verkäufer: *„Dafür gibt es nur den hier. Der ist gerade im Angebot für 98,99 EUR statt 129,99 EUR und nicht mal schlecht.“*

3.1 Stellen Sie fest, ob sich der Verkäufer in der oben beschriebenen Situation kundengerecht verhalten hat im Hinblick auf Kontaktaufnahme, Bedarfsermittlung und Warenvorlage.

	Situation	Verhalten des Verkäufers
1	**Kontaktaufnahme**	
2	**Bedarfsermittlung**	

	Situation	Verhalten des Verkäufers
3	**Warenvorlage**	

4. Ein Kunde bittet Sie um eine Warenvorlage. Sie haben unterschiedliche Ausführungen der gewünschten Ware.

Mit welcher Preisklasse beginnen Sie Ihre Warenvorlage? Begründen Sie Ihr Vorgehen.

5. Für den Erfolg eines Beratungsgesprächs ist die Warenvorlage durch den Verkäufer von entscheidender Bedeutung.

5.1 Beschreiben Sie an einem Artikel Ihrer Wahl eine Möglichkeit, den Kunden verstärkt in die Verkaufshandlung mit einzubeziehen.

5.2 Formulieren Sie zu der in Aufgabe 5.1 beschriebenen Möglichkeit der Kundenaktivierung eine Kontrollfrage in wörtlicher Rede.

5.3 Begründen Sie, warum eine solche Kontrollfrage sinnvoll ist.

6 Verkaufsargumente situationsgerecht einsetzen

Schulbuch Kap. 2.4

HANDLUNGSSITUATION

In dem Outdoor-Fachmarkt **Nature & More** geht der Verkäufer Max Fröhlich auf eine Kundin zu und spricht sie an.

Max Fröhlich: *„Guten Tag. Wie kann ich Ihnen behilflich sein?"*

Kundin: *„Guten Tag. Ich suche einen Rucksack für meine Skitouren."*

Max Fröhlich: *„Da kann ich Ihnen etwas Schönes zeigen. Kommen Sie doch bitte mal mit."* (Beide gehen zu dem Regal mit Rucksäcken.)

„Dieses Modell ist ein Damenrucksack. Er eignet sich sowohl für Skitouren als auch fürs Bergsteigen. Hier haben Sie eine Befestigungsmöglichkeit für die Skier und eine für den Helm." (Max reicht der Kundin den Rucksack) „Probieren Sie ihn einmal aus."

Kundin: *„Ohne Gepäck fühlt er sich ganz gut an! Vielleicht können Sie den Rucksack mal mit 20 kg befüllen?"*

Max Fröhlich: *„Gerne!"* (Max Fröhlich nimmt einige typische Gegenstände aus dem Sortiment und verstaut sie im Rucksack.) *„So, wenn Sie nun das Notfallset benötigen oder Ihre Mütze suchen, dann brauchen Sie nicht den gesamten Rucksack durchzuwühlen, sondern kommen durch die seitlichen Zugänge zu allen Schichten."*

Kundin: *„Das ist ja praktisch! Sonst verschwinden meine Sachen in den Taschen immer wie im Bermudadreieck!"* (Sie probiert den Rucksack an und geht damit im Geschäft auf und ab.)

ARBEITSAUFTRAG ZUR HANDLUNGSSITUATION

Beurteilen Sie die Argumentationsweise des Verkäufers.

WEITERE AUFGABEN

1. 1.1 Beurteilen Sie die folgenden Verkaufsargumentationen.

Verkäufer 1: *„Nehmen Sie diese Hose, die ist viel besser als die andere."*

Verkäufer 2: *„Die Uhr habe ich mir auch gekauft, die muss man einfach haben."*

Verkäufer 1	Verkäufer 2

1.2 Machen Sie es besser. Formulieren Sie die Verkäuferaussagen 1 und 2 neu. Gehen Sie davon aus, dass Sie ...

1.2.1 ... einen sparsamen Kunden bedienen.

1.2.2 ... einen prestigeorientierten Kunden (also jemanden, der Wert auf sein Ansehen legt) bedienen.

1.3 Ein Verkaufserfolg hängt nicht nur von der Ware und der Sprache ab. Zeigen Sie an zwei Beispielen auf, wie Sie während des gesamten Verkaufsgespräches eine vertrauensvolle Verkaufsatmosphäre aufbauen können.

➤ ______________________________

____

____

➤ ______________________________

____

____

2. Nachfolgende Verkäuferformulierungen sind etwas „unglücklich". Formulieren Sie die nachfolgenden Verkäuferformulierungen um.

	Mögliche Formulierungen	Umformulierungen
1	*„Diese Gesichtspflege macht nicht so schnell alt."*	
2	*„Der Käse aus dem Angebot riecht sehr stark."*	
3	*„In diesen Socken befindet sich eine Faser mit antibakterieller Wirkung, dann stinken Ihre Füße nicht so schnell."*	
4	*„Die Cordhose ist sehr bequem und ‚bollert' nach mehrmaligem Tragen. Das ist bei Cord aber normal."*	
5	*„Diese Kekse sind garantiert fettfrei. Sie werden dadurch nicht so schnell dick."*	

	Mögliche Formulierungen	Umformulierungen
6	*„Das sieht bei Ihnen nicht gut aus."*	
7	*„Dieses Gerät ist nicht das schlechteste auf dem Markt."*	
8	*„Auch wenn dieser Laptop im Vergleich sehr teuer ist, so ist er doch besser als die anderen."*	
9	*„Der mittelalte Gouda schmeckt super, aber der junge Gouda wird lieber genommen."*	

3. Nennen Sie zu Waren Ihrer Branche je zwei Verkaufsargumente, die sich

3.1 **auf die Eigenschaft** beziehen (z. B. farbecht, hitzebeständig, formstabil, schmutzabweisend),

- ➤ __________
- ➤ __________

3.2 **auf die Umwelt** oder **Gesundheit** beziehen (z. B. schadstoffarm, naturbelassen, vitaminreich).

- ➤ __________
- ➤ __________

4. In einem Spielwarengeschäft ist der Verkäufer gerade damit beschäftigt, neu gelieferte Waren auszupacken. Frau Krüger, eine Stammkundin, betritt das Geschäft.

Frau Krüger: *„Guten Morgen."*

Verkäufer: *„Guten Tag, Frau Krüger. Schön, dass Sie mal wieder bei uns hereinschauen. Sie finden sich ja zurecht. Geben Sie mir eine Minute. Ich bin sofort bei Ihnen, ich räume nur noch schnell den Karton aus."*

Kurze Zeit später wendet sich der Verkäufer an Frau Krüger, die inzwischen ratlos vor einem Regal mit Holzspielzeug steht, und spricht sie an.

Verkäufer: *„Womit kann ich Ihnen heute behilflich sein?"*

Frau Krüger: *„Ich möchte wieder mal ein Spielzeug für meinen kleinen Neffen kaufen. Irgendetwas Stabiles aus Holz wäre nicht schlecht!"*

Verkäufer: *„Wie Sie sehen, sind wir in Holzspielzeug gut sortiert. Wir werden bestimmt das Richtige finden. Hier ist ein netter Bagger, der von unseren Kunden gern gekauft wird. Baustellenfahrzeuge gehen ja bei Jungs immer."*

Frau Krüger: *„Ich weiß nicht so recht. Man hört so viel über schadstoffbelastetes Kinderspielzeug. Sind die Farben und der Lack auf dem Bagger nicht mit sehr viel Chemie hergestellt?"*

Verkäufer: *„Sie haben sicher recht, dass so etwas vorkommt. Aber schauen Sie, dieser Bagger ist mit dem Blauen Engel gekennzeichnet. Das heißt, dass das Spielzeug umweltfreundlich hergestellt wurde und für das spielende Kind gesundheitlich unbedenklich ist. Zusätzlich können Sie sicher sein, dass auch soziale Kriterien – also z. B. keine Kinderarbeit – eingehalten worden sind."*

4.1 Beurteilen Sie die Kontaktaufnahme des Verkäufers.

____

____

4.2 Erläutern Sie, welche Art der Bedarfsermittlung der Verkäufer anwendet.

____

____

4.3 Leiten Sie aus den Aussagen der Kundin zwei Kaufmotive ab, die für sie beim Kauf des Holzspielzeugs eine Rolle spielen, und erläutern Sie diese.

____

____

4.4 Beurteilen Sie die Verkaufsargumentation des Verkäufers.

____

____

7 Den Verkaufspreis nennen

Schulbuch Kap. 2.5

HANDLUNGSSITUATION

Adrian Grünspan hat eine kaufmännische Ausbildung begonnen und seine erste eigene Wohnung eingerichtet. Er betritt jetzt als Kunde das Elektrofachgeschäft KLIMA FIRST, um sich ein Bügeleisen zu kaufen. Er möchte ein Dampfbügeleisen haben, um ganz sicher zu gehen, dass er nicht mehr mit zerknitterten Hemden an seinem Ausbildungsplatz erscheint.

Seine Recherchen haben ergeben, dass er beim Discounter ein Dampfbügeleisen für 19,95 EUR bekommen könnte. Das Elektrofachgeschäft liegt aber näher, daher spricht er dort jetzt vor. Er findet auch gleich ein Gerät, das er sucht, aber es hat keine Preisauszeichnung.

Adrian: *„Wie viel kostet dieses Dampfbügeleisen?"*

Verkäuferin: *„Moment, ich schau mal nach. – Es kostet 49,00 EUR."*

Adrian ist verblüfft. So einen hohen Preis hat er nicht erwartet.

Adrian: *„Das ist aber teuer!"*

Verkäuferin: *„Das ist der marktübliche Preis für so ein Gerät."*

Adrian: *„Beim Discounter im Nachbarort kostet ein Dampfbügeleisen aber nur 19,95 EUR."*

Verkäuferin: (überlegt, dann antwortet sie): *„Das können Sie nicht vergleichen. Der höhere Preis liegt an der besseren technischen Ausführung."*

Adrian: *„Danke für die Information."*

Die Verkäuferin wollte Adrian eigentlich noch nähere Details zu der technischen Ausführung erklären, z. B.

- Gerät hat in Tests besonders gut abgeschnitten
- kräftiger Dampfstoß, geringes Gewicht
- Keramiksohle gleitet leicht über die Bügelwäsche
- 360° Gleitfähigkeit durch abgerundetes Design
- 300 ml-Wassertank – leicht zu befüllen, Einstellrad leicht zu bedienen
- integrierter Kalkbehälter mit Self-Clean-Funktion, praktische Kabelaufwicklung

Aber da hat Adrian das Geschäft schon verlassen ...

ARBEITSAUFTRÄGE ZUR HANDLUNGSSITUATION

1. Erklären Sie, welche entscheidenden Fehler die Verkäuferin macht.

____

____

____

____

2. Formulieren Sie in direkter Rede eine Antwort auf die Frage nach dem Preis mithilfe der Sandwich-Methode.

3. Erläutern Sie, warum es in der Regel nicht sinnvoll ist, mit der Nennung des Preises zu lange zu warten, aber den Preis auch nicht zu früh ins Gespräch zu bringen.

4. Erklären Sie, in welchem Fall eine frühe Preisnennung sinnvoll ist.

5. Präsentieren Sie in der Klasse mit einem Partner das verbesserte Gespräch als Rollenspiel. Verwenden Sie dazu die technischen Details der Situationsbeschreibung, die die Verkäuferin nicht mehr nennen konnte. Weitere Gesprächsinhalte können Sie nach eigener Wahl einbinden.

WEITERE AUFGABEN

1. In einem Elektrofachmarkt berät ein Verkäufer eine Kundin beim Kauf einer Waschmaschine.

Kundin: *„Wie viel kostet denn diese Waschmaschine?"*

Verkäufer: *„Diese Maschine ist ein sehr hochwertiges Gerät, das energieeffizient und wassersparend ist. Der Preis von 869,00 EUR erscheint vielleicht zunächst etwas hoch, aber dafür sparen Sie im Vergleich zu einem preiswerten Modell eine Menge Geld für Wasser und Strom.*

Sie können die Waschmaschine sogar mit einer App für Ihr Smartphone jederzeit und von überall her steuern."

1.1 Nennen Sie die Methode, nach der der Verkäufer den Preis nennt und begründen Sie Ihre Aussage.

____

____

____

____

____

1.2 Beschreiben Sie die Art der Verkaufsargumente, die der Verkäufer anführt. Nennen Sie die Kundenerwartungen, die der Kunde an das Produkt hat, die durch diese Argumente angesprochen werden.

____

____

____

____

____

____

2. Die Kundin Donate Spirelli betritt eine Modeboutique und schaut sich nach einem neuen Partykleid um. Sie sieht eines, das ihr gefällt, und nimmt es vom Ständer. Sie kann kein Preisschild entdecken. Daher wendet sie sich an eine Verkäuferin, die gerade ein Regal mit Pullovern einräumt.

Kundin: *„Wie viel kostet dieses Kleid hier?"*

Verkäuferin: (ohne aufzublicken) *„256,00 EUR".*

Kundin: (hängt schnell das Kleid wieder auf den Ständer) *„So viel wollte ich nicht ausgeben. Vielleicht komme ich ein anderes Mal wieder."*

Verkäuferin: *„Auf Wiedersehen."*

2.1 Beurteilen Sie die Verhaltensweise der Verkäuferin.

2.2 Formulieren Sie in wörtlicher Rede eine Preisnennung, die gesprächs- und verkaufsfördernd wirkt. Verwenden Sie dafür die nebenstehende Produktinformation:

Produktbeschreibung Modell Greta

- Material: bedruckter Seidenchiffon
- 4 rückseitige Biker-Druckknöpfe
- taillierter Fit
- Rüschenkragen
- voluminöser Rock
- lange Ärmel mit Manschetten

3. Violetta Klein, eine gute Kundin, möchte sich gern einen Saugroboter anschaffen. Sie hat bisher noch nie ein solches Gerät besessen und hat über Preise und Qualität keinerlei Erfahrungen. Als sie nach dem Preis fragt, möchten Sie als Verkäufer einen Preisschock vermeiden.

3.1 Erläutern Sie zwei Methoden der Preisnennung, die Sie in diesem Falle anwenden könnten.

Methoden der Preisnennung	Erläuterungen
①	
②	

3.2 Formulieren Sie für beide von Ihnen genannten Methoden eine mögliche Verkäuferantwort in wörtlicher Rede.

3.3 Violetta Klein fragt nach einem Preisnachlass. Wie verhalten Sie sich? Formulieren Sie Ihre Aussage in wörtlicher Rede.

3.4 Nennen Sie fünf Gründe, die einen Einzelhandelsbetrieb veranlassen können, einen Preisnachlass zu gewähren.

-
-
-
-
-

8 Auf Kundeneinwände angemessen reagieren

Schulbuch Kap. 2.6

HANDLUNGSSITUATION

Kundin: *„Die Rucksäcke sind aber teuer! Im Internet habe ich Angebote gesehen, die kosten nur die Hälfte!"*

Verkäufer: *„Sie haben recht. Unser Preis erscheint auf den ersten Blick hoch. Aber schauen Sie bitte mal genau hin: Ihnen fällt sicher gleich die erstklassige Verarbeitung und der modische Style auf. Da sieht man, dass dies kein Billigprodukt ist.*

Dieser Rucksack hier ist mit dem AIR ZONE Tragesystem ausgestattet. Das bedeutet, die Rückenpartie ist angenehm gepolstert und man empfindet die Luftdurchlässigkeit des Materials als richtig angenehm. Fühlen Sie mal die Schulterriemen: Ganz weiches Polster! Das ist wirklich ein günstiger Preis für solch ein Spitzenprodukt."

Kundin: *„So gesehen haben Sie recht. Dieser hier scheint den Preis wert zu sein. Gerade bei längeren Ausflügen kann ein Rucksack, der unpraktisch ist, schnell zur Plage werden."*

ARBEITSAUFTRAG ZUR HANDLUNGSSITUATION

Beurteilen Sie die Verkäuferaussage.

____

____

____

____

WEITERE AUFGABEN

1. Ein Verkäufer soll einen Kundeneinwand niemals als Kritik betrachten. Durch sein Verhalten kann er die Kaufstimmung auch bei einem Einwand positiv gestalten. Erklären Sie an zwei Beispielen, wie er das machen könnte.

➤ ______________________________

____

➤ ______________________________

____

2. Manche Einwände sind sogenannte Scheineinwände.

2.1 Nennen Sie einen Grund, den ein Kunde für einen solchen Scheineinwand haben könnte.

2.2 Zeigen Sie auf, wie Sie als geschulter Verkäufer reagieren sollten.

3. Eine Kundin sucht Möbel für ein Kinderzimmer. Entscheiden Sie jeweils, mit welcher Methode die Verkäuferin folgende (auch mögliche) Einwände der Kundin beantwortet. Begründen Sie Ihre Entscheidung.

	Kundeneinwand	Methode der Einwandbehandlung
1	K: *„In Weiß sieht der Stuhl aber furchtbar klinisch aus."* V: *„Welche Farben haben denn die anderen Möbel in dem Kinderzimmer?"*	
2	K: *„Dieses Polsterbett wirkt in einem Kinderzimmer aber recht wuchtig."* V: *„Das mag im ersten Moment so sein. Der Vorteil ist aber, das Bett ist äußerst bequem und standfest. Alle Kanten sind ringsum gut gepolstert – da können die Kinder auch mal toben. In dem Bettkasten ist viel Stauraum und das ist wiederum platzsparend."*	
3	K: *„Der Kinderschreibtisch ist mit 299,00 EUR aber relativ teuer."* V: *„Dafür ist dieser Tisch aber höhenverstellbar und Ihr Kind hat die ganzen Schuljahre etwas davon."*	

4. In einem Fachgeschäft für Outdoormoden:

Eine elegant gekleidete Dame mit einem ca. 8-jährigen Jungen betritt das Geschäft. Sie möchte für das Kind eine Regenjacke kaufen. Die Verkäuferin zeigt der Kundin eine hellblaue Jacke. Das Kind probiert die Regenjacke an.

(1) K: *„Diese Farbe sieht man bei schlechtem Wetter im Straßenverkehr aber nicht so gut.*

(2) *Haben Sie nicht eine Jacke in einer kräftigeren Farbe, die mehr leuchtet?"*

(3) V: *„Wie wär's denn mit Gelb?"*

(4) K: *„Ist diese Jacke denn auch aus umweltfreundlichem Material?"*

4.1 Leiten Sie aus den Aussagen der Kundin zwei mögliche Kaufmotive ab.

➤ ______________________________

____

➤ ______________________________

____

4.2 Formulieren Sie die Verkäuferfrage (aus Zeile (3)) in eine kundenbezogene Argumentation um.

____

____

____

____

____

____

____

4.3 Erklären Sie, welchen Vorteil eine kundenbezogene Verkaufsargumentation für den Verkäufer hat.

____

____

____

____

4.4 Während des Verkaufsgespräches kommt eine zweite Kundin ins Geschäft. Sie beschäftigt sich mit einer Ware und sucht nach einiger Zeit Blickkontakt zum einzigen im Geschäft anwesenden Verkäufer.

Beschreiben Sie, wie Sie sich in dieser Situation als Verkäufer verhalten würden.

➤ **Verhalten gegenüber der 1. Kundin:** ______________________________

____

➤ **Verhalten gegenüber der 2. Kundin:** ______________________________

____

5. In einem Möbelhaus mit Vorwahlsystem:

Ein etwas über 60-jähriger Kunde kommt in einem Einrichtungshaus zufällig an der Freizeitmöbelabteilung vorbei. Eigentlich spielt er schon seit geraumer Zeit mit dem Gedanken, neue Gartenmöbel zu kaufen. Er setzt sich in einen Stuhl der Serie GartaLux (siehe Produktinformation am Ende der Aufgaben) und probiert gerade die Verstellmöglichkeiten aus, als ein Verkäufer hinzukommt.

(1) V: *„Guten Tag. Kann ich Ihnen helfen?"*

(2) K: *„Nein, danke. Was kostet denn so ein Stuhl?"*

(3) V: *„Dieser hier liegt bei 129,00 EUR.*

(4) V: *Die Auflagen sind in diesem Preis aber nicht inbegriffen."*

(5) K: *„Das ist aber nicht gerade wenig. Bedenken Sie, wenn ich den Preis mal 4 nehme.*

(6) *Ich brauche vier Stück."*

(7) V: (Keine Reaktion des Verkäufers.)

(8) K: *„Hält der Stuhl auch was aus, der sieht so leicht aus. Ich wiege ja schließlich fast 100 kg?"*

(9) V: *„Ja, ich denke schon."*

(10) K: *„Da muss ich auf jeden Fall mit meiner Frau vorbeikommen."*

Produktinformation

GartaLux

3 Jahre Garantie

die neue, wetterfeste Serie im klassischen Design

Artikel Stuhl, niedrig
Preis 129,00 EUR
Farbe weiß und braun

- leicht, robust, stabil und bequem
- pflegeleichte, epoxidbeschichtete Gartenmöbel in weiß und braun
- mehrfach verstellbar und platzsparend zusammenklappbar, garantiert rostfrei
- passende Auflagen aus der HKS-Kissenkollektion

5.1 Beurteilen Sie die Kontaktaufnahme durch den Verkäufer in Zeile (1).

____

____

____

____

5.2 Formulieren Sie in wörtlicher Rede zwei verschiedene Kontaktmöglichkeiten, die Sie in dieser Situation anwenden würden.

➤ ______________________________________

____

➤ ______________________________________

____

5.3 Beurteilen Sie die Preisnennung durch den Verkäufer in Zeile (3) und (4).

5.4 Erstellen Sie in wörtlicher Rede eine eigene Lösung für die Preisnennung.

5.5 Reagieren Sie in wörtlicher Rede auf den Preiseinwand (Zeile (5) und (6)) nach zwei verschiedenen Methoden und benennen Sie die Methode, die Sie jeweils anwenden.

Methode 1:	

Formulierung:

Methode 2:	

Formulierung:

5.6 Erläutern Sie, welche Art von Einwänden der Kunde vorbringt (Zeilen 5, 8 und 10).

	Art des Kundeneinwands
Zeile 5	
Zeile 8	
Zeile 10	

5.7 Zeigen Sie Möglichkeiten auf, wie Sie diesen Einwänden begegnen können.

	Umgang mit dem Kundeneinwand
Zeile 5	
Zeile 8	
Zeile 10	

5.8 Beschreiben Sie, wie der Verkäufer sich in diesem Fall sinnvoll verhalten sollte.

6. Untersuchen Sie die folgenden Kundeneinwände (1) bis (8) und lösen Sie die Problemfälle.

- Bestimmen Sie, wogegen sich der Kundeneinwand richtet.
- Formulieren Sie in wörtlicher Rede eine angemessene Antwort aus der Perspektive des Verkaufspersonals.
- Nennen Sie die von Ihnen gewählte Methode der Einwandbehandlung.

(1) „Der Koffer ist ja viel zu leicht und instabil. Der hält keine Flugreise aus."

Kundeneinwand gegen:

Mein Lösungsvorschlag (wörtliche Rede):

Meine Methode/Strategie	

② „90,00 EUR für ein Paar Schuh. Das ist ja viel zu teuer."

Kundeneinwand gegen:

Mein Lösungsvorschlag (wörtliche Rede):

Meine Methode/Strategie	

③ „Ständig wird bei Ihnen umgeräumt. Man findet ja nichts mehr wieder."

Kundeneinwand gegen:

Mein Lösungsvorschlag (wörtliche Rede):

Meine Methode/Strategie	

④ „Frau Meier bedient mich aber immer viel freundlicher als Sie."

Kundeneinwand gegen:

____

____

____

____

Mein Lösungsvorschlag (wörtliche Rede):

____

____

____

____

Meine Methode/Strategie	

⑤ „Diese Entscheidung kann ich nicht alleine treffen. Da muss ich wohl meinen Mann mitbringen."

Kundeneinwand gegen:

____

____

____

____

Mein Lösungsvorschlag (wörtliche Rede):

____

____

____

____

Meine Methode/Strategie	

(6) „Unverschämt. Die Preisschilder sind so klein, da braucht man ja eine Lupe."

Kundeneinwand gegen:

Mein Lösungsvorschlag (wörtliche Rede):

Meine Methode/Strategie	

(7) „Da bekomme ich ja bei der Konkurrenz vier Paar Socken dafür."

Kundeneinwand gegen:

Mein Lösungsvorschlag (wörtliche Rede):

Meine Methode/Strategie	

9 Alternativen, Ergänzungs- und Zusatzartikel anbieten

Schulbuch Kap. 2.7

HANDLUNGSSITUATION

Lea-Louise ist Auszubildende zur Kauffrau im Einzelhandel in dem Outdoor-Fachmarkt **Nature & More.**

Eine Kundin betritt den Laden, schaut sich kurz um und kommt dann auf Lea-Louise zu.

Kundin: *„Hallo, ich suche eine Übergangsjacke von „Eco Arctic" in Rot, Größe M. Wo kann ich die denn hier finden?"*

Lea-Louise: (Sie weiß, dass **Nature & More** die Marke „Eco Arctic" nicht im Sortiment hat.)

„Hallo, wir haben sehr gute Erfahrungen mit Jacken der Marke „Victoria Falls" gemacht. Daher haben wir darin eine große Auswahl: umweltfreundliche Produktion, hochwertige Verarbeitung, absolut im Trend! Sehen Sie mal.

Ich habe hier zufällig eine Jacke in Bordeauxrot, Größe M. Ich kann mir vorstellen, dass Ihnen die perfekt stehen wird. Das Innenfutter besteht aus 100 % Bio-Baumwolle und fühlt sich besonders angenehm an. Die Außenbeschichtung ist wind- und wasserdicht, sodass Sie sich auch bei längeren Wanderungen bei jedem Wetter wohlfühlen werden."

Kundin: *„Ich probiere die Jacke mal an."*

ARBEITSAUFTRAG ZUR HANDLUNGSSITUATION

Beurteilen Sie, ob Lea-Louise sich richtig verhalten hat.

WEITERE AUFGABEN

1. 1.1 Unterscheiden Sie Ergänzungs- und Zusatzangebote.

Ergänzungsangebote	
Zusatzangebote	

1.2 Geben Sie bei den folgenden Beispielen an, ob es sich um ein Ergänzungs- oder ein Zusatzangebot zu dem Hauptprodukt handelt.

Tragen Sie in die Kästchen ein:

- bei Ergänzungsangeboten die Kennziffer (1)
- bei Zusatzangeboten die Kennziffer (2)

a) Batteriewecker	–	Batterien	☐
b) Schuhe	–	Pflegemittel	☐
c) Smartphone	–	Versicherungsvertrag	☐
d) Kugelschreiber	–	Mine	☐
e) Drucker	–	Druckerpatrone	☐
f) Notebook	–	Notebookhülle	☐
g) Mantel	–	Schal	☐
h) Tischtuch	–	Servietten	☐

1.3 Nennen Sie Vorteile, die der Kauf eines Zusatzartikels für den Kunden und für den Einzelhandelsbetrieb hat.

Vorteile für den Kunden: ______________________________

____

____

Vorteile für den Einzelhandelsbetrieb: ______________________________

____

____

1.4 Zu welchem Zeitpunkt ist es sinnvoll, Zusatz-/Ergänzungsartikel im Verkaufsgespräch anzubieten?

____

____

____

2. 2.1 Zeigen Sie an einem Beispiel aus Ihrer Branche auf, warum ein Verkäufer seinem Kunden ein Alternativangebot unterbreitet, wenn das Einzelhandelsgeschäft den gewünschten Artikel nicht führt.

____

____

____

2.2 In welchem Fall sollte der Verkäufer darauf verzichten, dem Kunden ein Alternativangebot zu unterbreiten?

2.3 Notieren Sie in wörtlicher Rede drei Formulierungen zu Alternativangeboten, die negativ auf die Entscheidung des Kunden wirken.

Formulierung (1):

Formulierung (2):

Formulierung (3):

3. Beschreiben Sie drei Merkmale, die Alternativangebote haben sollten.

-
-
-

4. Erklären Sie, welche Fähigkeiten und Kenntnisse ein Verkäufer haben muss, um einem Kunden sinnvolle Alternativen anbieten zu können.

5. Prüfen Sie, ob die folgenden Formulierungen eines Verkäufers positiv oder negativ sind. Finden Sie gegebenenfalls eine treffendere Formulierung.

	Formulierung des Verkäufers	Formulierung positiv/negativ – treffendere Formulierung
1	*„Wein aus Franken haben wir nicht. Möchten Sie vielleicht etwas anderes?"*	
2	*„Darf ich Ihnen ersatzweise den Anorak einer anderen Marke anbieten?"*	
3	*„Diese Waschmaschine der Firma „Ecofit" ist qualitativ ebenso gut und etwas günstiger als die von Ihnen gewünschte Marke."*	
4	*„Diese Bohrmaschine hat gegenüber der von Ihnen gewünschten Marke den Vorteil, dass …"*	

6. Sie haben einer Kundin einen Jogginganzug verkauft.

6.1 Geben Sie zwei Beispiele für Zusatzartikel an, die ihr spätestens jetzt angeboten werden sollten.

➤ ______________________________

➤ ______________________________

6.2 Nennen Sie Vorteile, die Zusatzangebote bringen:

Vorteile für die Kundin	
Vorteile für die Verkäuferin	
Vorteile für das Geschäft	

7. Rollentext

Verfassen Sie in wörtlicher Rede ein kurzes Verkaufsgespräch, in dem Sie einen Zusatzartikel anbieten.

Rolle des Verkäufers:	Er möchte einen Zusatzartikel verkaufen, aber den Kunden nicht dazu drängen.
Rolle des Kunden 1:	Der Kunde ist nicht abgeneigt, das Angebot anzunehmen.
Rolle des Kunden 2:	Der Kunde ist nicht bereit, das Angebot anzunehmen.

8. 8.1 Zeigen Sie an zwei Beispielen von Waren auf, welche Kompetenzen (Fähigkeiten und Kenntnisse) der Verkäufer haben muss, um Ergänzungs- und Zusatzverkäufe überzeugend anbieten zu können.

	Hauptartikel	Ergänzungs-/Zusatzartikel
Beispiel (1)		
Beispiel (2)		

Wichtige Kompetenzen, um Ergänzungs- und Zusatzartikel überzeugend anbieten zu können
➤ ______________________________
____
____
➤ ______________________________
____
____
➤ ______________________________
____
____

8.2 Schlagen Sie Hilfsmittel (Unterlagen) vor, um passende Ergänzungs- und Zusatzartikel beim Verkauf schnell und zuverlässig zu nennen.

____

____

____

____

9. 9.1 Zählen Sie auf, welche Überlegungen der Verkäufer anstellen muss, bevor er dem Kunden Zusatz- oder Ergänzungsangebote unterbreitet.

➤ ______________________________

____

➤ ______________________________

____

➤ ______________________________

____

➤ ______________________________

____

9.2 Beschreiben Sie, wie der Verkäufer sich verhalten sollte, wenn der Käufer das Zusatz- oder Ergänzungsangebot ablehnt.

____

____

____

____

10. Wählen Sie eine Ware, die Sie gut kennen und die sich für ein Zusatz- und Ergänzungsangebot eignet.

Geben Sie Verkaufsargumente in wörtlicher Rede wieder, wie Sie diese Zusatz- und Ergänzungsprodukte verkaufen würden.

____

____

____

____

____

____

____

10 Den Kaufabschluss herbeiführen und Serviceleistungen einbeziehen

Schulbuch Kap. 2.8

HANDLUNGSSITUATION

Fortsetzung der Handlungssituation 6

In dem Outdoor-Fachmarkt **Nature & More** ist der Verkäufer Max Fröhlich in einem Beratungsgespräch mit einer Kundin, die einen Skirucksack kaufen möchte.

Die Kundin probiert gerade den Rucksack aus: Sie geht mit dem Rucksack auf dem Rücken im Geschäft auf und ab, bleibt stehen und schaut unschlüssig in einen Spiegel.

Max Fröhlich: *„Wie gefällt Ihnen der Rucksack?"*

Kundin: *„Kommt darauf an. Wie viel kostet er denn?"*

Max Fröhlich: *„99,00 EUR."*

Kundin: *„Ganz schön teuer!"*

Max Fröhlich: *„Das scheint zwar teuer, aber es ist ein 26-l-Marken-Rucksack der Firma SAFETROD, von exzellenter Qualität und Passform. Das können Sie sicher auch spüren: Die Form der Schulterträger und die Rückenlänge sind speziell für Damen geeignet. Das Material, 100 % Polyamid, ist recycelt."*

Kundin: *„Aber fast 100,00 EUR! So oft brauche ich den Rucksack auch nicht!"*

Max Fröhlich: *„Das müssen Sie selbst entscheiden."*

ARBEITSAUFTRÄGE ZUR HANDLUNGSSITUATION

1. Beurteilen Sie die Preisnennung durch den Verkäufer. Begründen Sie Ihre Einschätzung.

2. Erklären Sie, auf welche Kaufmotive, d. h. auf welchen Warennutzen, bei dieser Kundin eingegangen werden sollte.

3. Unterbreiten Sie einen Vorschlag in wörtlicher Rede, wie in diesem Fall der Preis Erfolg versprechender genannt werden könnte.

4. Beurteilen Sie, wie der Verkäufer mit dem Preiseinwand *„ganz schön teuer"* umgeht.

5. Unterbreiten Sie einen Vorschlag in wörtlicher Rede, wie Sie besser auf den Einwand *„Aber fast 100,00 EUR!"* reagieren können.

6. Angenommen, die Kundin ist noch unschlüssig. Erläutern Sie zwei Abschlussmöglichkeiten, mit denen Sie die Kundin evtl. zum Kauf führen können.

➤

➤

WEITERE AUFGABEN

1. Erstellen Sie eine Übersicht mit verschiedenen Kaufsignalen. Unterscheiden Sie hierbei körpersprachliche und sprachliche Kaufsignale.

Sprachliche Kaufsignale	Körpersprachliche Kaufsignale

2. Erklären Sie den Begriff „Abschlussverstärker".

3. Ein Kunde überlegt lange, ob er einen hochwertigen Rasierapparat mit Desinfektionsset und Wandhalterung für 98,90 EUR kaufen soll. Schließlich kauft er ihn.

Wie können Sie den Kunden in seiner Kaufentscheidung bestärken? Unterbreiten Sie einen Vorschlag in wörtlicher Rede.

4. Der Blick einer Kundin wandert unentschlossen zwischen zwei Artikeln hin und her. Sie sagt: „Ich weiß nicht so recht, für was ich mich entscheiden soll, mir gefallen beide."

Wie reagieren Sie auf diese Aussage?

____

____

____

____

5. Ordnen Sie die folgenden Abschlusstechniken den Erläuterungen/Beispielen der beschriebenen Methode zu. Tragen Sie die richtigen Kennziffern in die Kästchen ein.

Abschlusstechniken:

1. Ja-Fragen (Kontrollfragen)
2. Verringerung der Auswahl
3. Alternativfragen
4. Zusammenfassen der wichtigsten Argumente
5. Empfehlung des Verkäufers
6. Direkte Kaufaufforderung

Erläuterungen/Beispiele:

a) Der Verkäufer verringert die Zahl der Artikel in der Warenvorlage, um dem Kunden die Auswahl zu erleichtern. Die Artikel, die nicht infrage kommen, werden entfernt.	☐
b) Verkäufer: *„Der Aktionspreis gilt nur noch bis morgen! Sie sollten zugreifen!"*	☐
c) Der Verkäufer fasst die wichtigsten Vorzüge, die für die Ware sprechen, noch einmal zusammen. Diese treffen genau auf die Merkmale zu, die der Kunde als Wünsche geäußert hat.	☐
d) Verkäufer: *„Ich finde, diese Hose steht Ihnen am besten. Sie sieht von allen Seiten perfekt aus. Ich würde diese nehmen."*	☐
e) Wechsel von Fragen und Antworten zwischen Verkäufer und Kunde zur genauen Bestimmung des Kaufwunsches. Beispiel: Verkäufer: *„Es soll ein … sein?"* Kunde: *„Ja, genau."* Verkäufer: *„Größe XL?"* Kunde: *„Ja."* Verkäufer: *„Wasserdichtes Material?"* Kunde: *„Genau!"*	☐
f) *„Möchten Sie lieber diese attraktive Geschenkpackung oder die Normalpackung des Parfums?"*	☐

6. Berichten Sie über eine Verkaufssituation, in der Sie den Käufer in seiner Kaufentscheidung bestärkt haben, sodass er das für ihn passende Produkt gekauft hat und offensichtlich auch damit zufrieden war.

7. Serviceleistungen sind ein wichtiger Bestandteil des Verkaufsangebotes.

7.1 Nennen Sie drei Serviceleistungen, die letztlich über den Verkaufspreis vom Kunden bezahlt werden.

-
-
-

7.2 Kunden sind mit perfektem Service an den Fachhandel zu binden. Geben Sie drei Beispiele von Serviceleistungen in Verbindung mit der Ware aus einer Branche, die Sie kennen.

-
-
-

7.3 Serviceleistungen bringen Vorteile für den Kunden und für das Geschäft. Nennen Sie jeweils zwei.

Vorteile für den Kunden	Vorteile für das Geschäft
➤	➤
➤	➤

8. 8.1 Beschreiben Sie, wie der Verkäufer zu reagieren hat, wenn kein Kauf zustande kommt.

8.2 Durch eine geeignete Verabschiedung möchten Sie erreichen, dass Ihr Geschäft beim Kunden in guter Erinnerung bleibt. Formulieren Sie zwei Vorschläge in wörtlicher Rede.

➤

➤

9. 9.1 Begründen Sie, warum ein kundenorientiertes Verhalten an der Kasse besonders wichtig ist.

9.2 Sie sind in einem Lebensmittelgeschäft an der Kasse eingesetzt. Notieren Sie vier kundenorientierte Verhaltensregeln.

➤

➤

➤

➤

10. Zwischen der Kundin und der Kassiererin entsteht folgender Dialog:

Kundin: *„Ich habe mir dieses Kleid gegönnt!"*
Kassiererin: *„Schön, das haben wir schon über zwanzig Mal verkauft. Das macht 149,90 EUR."*
Kundin: *„Kann ich mit einem 200,00-EUR-Schein bezahlen?"*
Kassiererin: *„Ja, aber ich muss zuerst prüfen, ob er nicht gefälscht ist."*
Nach der Prüfung legt die Kassiererin das Geld in die Kasse und entnimmt das Wechselgeld.
„Das sind dann 50,10 EUR zurück. Soll ich Ihnen eine Tüte geben?"
Kundin: *„Ja, bitte. Auf Wiedersehen."*

Beurteilen Sie das Verhalten der Kassiererin an der Kasse. Nennen Sie gegebenenfalls ein Fehlverhalten der Kassiererin und machen Sie jeweils einen Verbesserungsvorschlag.

____

____

____

____

____

____

____

11. In dem Outdoor-Fachmarkt **Nature & More** geht eine ältere Dame mittleren Alters auf den Auszubildenden Lukas Berger zu. Es entwickelt sich das folgende Verkaufsgespräch, das Sie als Ausbilder/-in von Lukas verfolgen.

Abschnitt		
1	Lukas	*„Guten Tag, kann ich etwas für Sie tun?"*
2	Kundin	*„Guten Tag. Ja, mein Neffe wünscht sich zum Geburtstag einen Rucksack."*
3	Lukas	(Er geht mit der Kundin zu den Rucksäcken). *„Ja, wie Sie sehen, haben wir eine große Auswahl an Rucksäcken."* (Er nimmt einen bunten Kinderrucksack aus dem Regal und zeigt ihn der Kundin.)
4	Kundin	*„Nein, nein, der ist zu kindlich, mein Neffe ist schon 17 Jahre."*
5	Lukas	*„Soll es dann ein Trekking-Rucksack sein?"*
6	Kundin	*„Das weiß ich auch nicht! Er möchte ihn so für jeden Tag, er ist viel mit dem Fahrrad unterwegs und übernachtet manchmal bei Freunden. Er muss auf jede Fall strapazierfähig sein."*
7	Lukas	*„Ach so. Ja dann ist der hier zu empfehlen. Er ist sehr leicht und es gibt ihn in drei Farben."*

Abschnitt		
8	Kundin	(Schaut auf das Etikett, Preis 19,90 EUR.) *„Haben Sie auch noch bessere Rucksäcke da? Der scheint mir doch etwas billig zu sein.“*
9	Lukas	*„Ja, natürlich.“* (Nimmt den Rucksack – siehe **Anlage 1** – und hält ihn hoch.) *„Hier, sehen Sie, das ist ein Tagesrucksack, er kostet 69,90 EUR und ist sehr hochwertig verarbeitet.“*
10	Kundin	*„Ja, der gefällt mir schon besser. Aber ist der auch wirklich strapazierfähig und angenehm zu tragen?“*
11	Lukas	*„Ja sicher, er ist leicht, und, wie Sie hier sehen, hat er gepolsterte Trageriemen. Außerdem hat er die Airstripes-Rückenbelüftung.“*
12	Kundin	*„Hm ... ich bin jetzt doch etwas unsicher, ob das der richtige Rucksack für meinen Neffen ist.“* (Sie schaut Lukas etwas fragend an und überlegt.)
13	Lukas	*„Ja, das ist wirklich schwierig.“*
14	Kundin	*„Vielleicht frage ich doch nochmal nach! Danke und auf Wiedersehen.“*
15	Lukas	*„Auf Wiedersehen.“*

Am nächsten Tag möchten Sie dieses Verkaufsgespräch mit Lukas Berger besprechen und bereiten sich darauf schriftlich mithilfe der Produktbeschreibung **(Anlage 1)** und des Beobachtungsbogens **(Anlage 2)** vor. Verbesserungsvorschläge notieren Sie gegebenenfalls in wörtlicher Rede. Füllen Sie den Beobachtungsbogen aus.

Anlage 1: Produktbeschreibung

Tagesrucksack NAVAJO 25

Beschreibung

- Elastikfixierung auf der Vorderseite für einen Helm
- Volumen: 25 l, Höhe ca. 50 cm
- Wertsachen-Innentasche
- kleine RV-Vortasche
- Bodenfach für Schuhe oder Schmutzwäsche
- Regenhülle (Material: 420D Ripstop-Nylon)
- Rund-RV für übersichtliches Packen
- Airstripes-Rückenbelüftung (Luftkanal im Rückenteil)
- zwei Netztaschen

Anlage 2

Phase des Verkaufsgesprächs	Beurteilung	Verbesserungsvorschlag gegebenenfalls in wörtlicher Rede
Kontaktaufnahme (Abschnitt ①)		
Bedarfsermittlung (Abschnitte ③ und ⑤)		
Warenvorlage (Abschnitte ③ und ⑨)		
Verkaufsargumentation (Abschnitte ⑦ und ⑪)		
Einwandbehandlung (Abschnitt ⑨)		
Kaufabschluss (Abschnitt ⑬)		

12. Sie sind Verkäufer/-in des Outdoor-Fachmarktes Nature & More. Soeben haben Sie einem Kunden einen hochwertigen Trekkingrucksack verkauft.

12.1 Recherchieren Sie, welche Zusatzartikel zu einem Trekkingrucksack passen. Notieren Sie sich die Merkmale eines Artikels, den Sie für interessant halten.

Notizen: Mein Zusatzartikel

12.2 Bieten Sie dem Kunden diesen Zusatzartikel zu dem Trekkingrucksack an. Formulieren Sie Ihr Angebot überzeugend in wörtlicher Rede.

12.3 Formulieren Sie drei Möglichkeiten, beim Kaufabschluss den Kunden in seiner Entscheidung zu bestätigen.

Formulierung (1):

____

____

____

Formulierung (2):

____

____

____

Formulierung (3):

____

____

____

12.4 Verfassen Sie abschließend eine passende Formulierung, mit der Sie sich von dem Kunden verabschieden.

____

____

____

____

____

____

____

1 Rechts- und Geschäftsfähigkeit berücksichtigen

Schulbuch Kapitel 1.1–1.3

HANDLUNGSSITUATION

Im Spielwarengeschäft Fidibus OHG in Nürnberg beginnt Valentin Fennen seine Ausbildung zum Kaufmann im Einzelhandel. Ein kleiner Junge tritt an die Kasse, um seinen ausgesuchten Artikel zu bezahlen. Valentin Fennen geht zur Kasse und begrüßt den jungen Kunden freundlich:

Valentin Fennen: *„Guten Tag, junger Mann, kann ich dir helfen?"*

Junge: *„Ich möchte dieses Taschenmesser bei Ihnen bezahlen."*

Valentin Fennen: *„Ja, kein Problem, das kostet 4,95 EUR."*

Etwa 15 Minuten später betritt ein Kunde das Geschäft und spricht Valentin Fennen an.

Kunde: *„Mein Sohn Johann ist erst sechs Jahre alt. Der darf überhaupt noch gar nichts einkaufen – und vor allem kein Messer. Ich möchte, dass Sie das umgehend wieder zurücknehmen und mir das Geld wieder auszahlen."*

Bevor Valentin antworten kann, spricht Frau Huesmann, die Geschäftsführerin, den Kunden ruhig und beschwichtigend an.

Frau Huesmann: *„Sie haben recht, wir hätten Ihrem Sohn dieses Taschenmesser nicht verkaufen dürfen. Entschuldigen Sie bitte, aber Herr Fennen befindet sich im ersten Ausbildungsjahr und hat das nicht gewusst. Natürlich nehmen wir das Messer wieder zurück."*

ARBEITSAUFTRÄGE ZUR HANDLUNGSSITUATION

1. Begründen Sie, warum Frau Huesmann dem Vater des Kindes das Geld zurückerstattet.

2. Wie hätte sich der Auszubildende Valentin Fennen an der Kasse verhalten müssen?

WEITERE AUFGABEN

1. Lösen Sie folgende Rechtsfälle! Prüfen Sie jeweils die Rechtslage und begründen Sie Ihre Lösungen.

	Rechtsfälle	Lösungen der Rechtsfälle
1	Ein Kranker, der sich in einem Zustand dauernder Störung der Geistestätigkeit befindet, erhält von seinem Bruder ein Mietshaus geschenkt. Kann der Kranke Eigentümer des Hauses und wegen der Mieteinkünfte steuerpflichtig werden?	
2	Das Finanzamt verlangt von einem 4 Jahre alten Kind die Bezahlung rückständiger Steuern. Ist dies überhaupt möglich?	
3	Ein 6-jähriges Kind erhält von seinem Patenonkel zu Weihnachten Spielzeug geschenkt. Kann das Kind die Schenkung annehmen?	
4	Felix, 12 Jahre, ist Sohn eines Millionärs. Er erhält monatlich 250,00 EUR Taschengeld zur freien Verfügung. Davon kauft er sich eine Soundbar für 230,00 EUR, bezahlt diese bar und nimmt sie mit. Die Eltern sind nicht einverstanden.	
5	Angenommen, der 12-jährige Felix hätte die Soundbar nicht bar bezahlt, sondern nur 100,00 EUR angezahlt, um den Rest in 20,00-EUR-Raten „abzustottern". Die Eltern sind wiederum dagegen.	

	Rechtsfälle	Lösungen der Rechtsfälle
6	Linus, 9 Jahre, erhält von seiner Tante Anna 20,00 EUR. Als Gegenleistung verpflichtet er sich, den Sommer über ihren Rasen zu mähen.	

2. Die Oma von Adrian (6 Jahre) wohnt auf dem Land. Sie schickt Adrian mit einem Einkaufszettel (s. u.) zum Dorfladen, damit er für sie einige Besorgungen erledigt. Die Großeltern sind dort bekannt. Adrian geht regelmäßig mit, wenn er zu Besuch ist.

Beurteilen Sie die Rechtslage. Beachten Sie auch den nachfolgenden Auszug aus den Vorschriften des Jugendschutzgesetzes.

§ 9 Alkoholische Getränke

(1) In Gaststätten, Verkaufsstellen oder sonst in der Öffentlichkeit dürfen

1. Bier, Wein, weinähnliche Getränke oder Schaumwein oder Mischungen von Bier, Wein, weinähnlichen Getränken oder Schaumwein mit nichtalkoholischen Getränken an Kinder und Jugendliche unter 16 Jahren,

2. andere alkoholische Getränke oder Lebensmittel, die andere alkoholische Getränke in nicht nur geringfügiger Menge enthalten, an Kinder und Jugendliche

weder abgegeben noch darf ihnen der Verzehr gestattet werden.

(2) Abs. 1 Nr. 2 gilt nicht, wenn Jugendliche von einer personensorgeberechtigten Person begleitet werden.

Beurteilung der Rechtslage:

3. Prüfen Sie, ob in den folgenden Fällen ein einseitiges, ein zweiseitiges oder kein Rechtsgeschäft vorliegt. Nehmen Sie für jeden der aufgeführten Fälle eine begründete Zuordnung vor.

	Vorgang	Rechtsgeschäft		kein Rechtsgeschäft
		einseitig	zweiseitig	
1	Der Hauseigentümer schließt mit Ihren Eltern einen Vertrag über die Benutzung von Wohnräumen ab.			
2	Mike Detzel steigt in Kiel in den Linienbus ein.			
3	Jan Mossel bestellt bei der Buchhandlung Natterer zwei Bücher.			
4	Der Angestellte Bert Baltian kündigt seinen Arbeitsvertrag.			
5	Herr Westermeyer verliert seinen wertvollen Ring und lässt öffentlich bekanntgeben, dass er dem ehrlichen Finder 300,00 EUR Finderlohn zahlt (man nennt dies „Auslobung“).			

4. Sie sind als Auszubildende(r) beim Möbelfachgeschäft Möbel-Wetzel-GmbH in Leipzig beschäftigt. Herr Wetzel gibt Ihnen den Auftrag, bei der Kleinert-Möbelfabrik e. Kfm. in Erfurt 8 Wohnzimmerschränke nach Katalog Nr. G/74.9 zu bestellen. Am 24. Juni wird die schriftliche Bestellung um 18:00 Uhr zur Post gebracht. Am nächsten Morgen kommt Herr Wetzel zu Ihnen und beauftragt Sie, die Bestellung zu widerrufen. Er habe festgestellt, dass von den bestellten Schränken noch genügend im Lager stehen.

Prüfen Sie, ob Sie die Bestellung noch widerrufen können. Wenn ja, stellen Sie dar, wie Ihnen dies gelingen könnte.

2 Allgemeine Geschäftsbedingungen verwenden

Schulbuch Kap. 1.4

HANDLUNGSSITUATION

Der Auszubildende Karlo Radosovic bestellt die neue Outdoor-Funktionsjacke „Feel Good“ in einem bekannten Online-Kaufhaus.

Da Karlo in seiner Freizeit gerne wandern geht, ist ihm besonders die Wind und Wasser abweisende Oberfläche und die Atmungsaktivität der Jacke wichtig. Zudem ist die Jacke mit einem Verkaufspreis von 69,90 EUR sehr günstig und schon in 24 Stunden lieferbar.

Beim Bestellvorgang macht er wie immer ein Kreuz bei den AGB, ohne diese genau zu lesen, da sie meist über mehrere Seiten gehen. Nach einem Tag wird ihm eine Funktionsjacke geliefert, aber zu seinem Erstaunen nicht das von ihm bestellte Modell „Feel Good“, sondern eine ähnliche, allerdings nicht atmungsaktive Jacke mit der Bezeichnung „Feelland“.

Nach einem kurzem Telefonat mit dem Kundendienst des Online-Kaufhauses weist die freundliche Kundenberaterin Karlo auf die allgemeinen Geschäftsbedingungen [AGB] des Unternehmens hin, die er beim Abschluss des Vertrages ja schließlich auch gesondert angekreuzt, also auch angenommen habe. Und dort heißt es unter 5.3:

„Sollte ein vom Kunden bestelltes Produkt wider Erwarten trotz rechtzeitiger Disposition aus vom Unternehmen nicht zu vertretenden Gründen nicht verfügbar sein, ist das Unternehmen berechtigt, anstatt des bestellten Produktes ein in Qualität und Preis gleichwertiges Produkt zu liefern.“

ARBEITSAUFTRÄGE ZUR HANDLUNGSSITUATION

1. Geben Sie Karlo einen Ratschlag, wie er sich in diesem Fall verhalten soll.

2. Erklären Sie, warum ein Einzelhandelsbetrieb allgemeine Geschäftsbedingungen verwendet.

3. Fragen Sie in Ihrem Ausbildungsbetrieb nach den AGBs. Wo sind diese zu finden?

WEITERE AUFGABEN

1. Erläutern Sie die Bedeutung der „allgemeinen Geschäftsbedingungen"

1.1 aus Sicht des Einzelhandelsbetriebs,

1.2 aus Sicht der Käufer (Konsumenten).

2. Die allgemeinen Geschäftsbedingungen der Tüchtig Handelsgesellschaft mbH sollen neu formuliert werden.

2.1 Prüfen Sie, ob folgende Formulierung rechtlich möglich ist.

		wirksam	nicht wirksam
1	*„Erfolgen Preiserhöhungen 8 Wochen nach Vertragsabschluss, gelten die neuen Preise."*		
2	*„Bis zur vollständigen Bezahlung bleibt die Ware unser Eigentum."*		
3	*„Liefertermine sind unverbindlich. Wir bemühen uns jedoch um eine pünktliche Lieferung."*		
4	*„Innerhalb von 14 Tagen gewähren wir ein Umtauschrecht (nur einwandfreie Waren)."*		
5	*„Wir erkennen Reklamationen bei offensichtlichen Mängeln nur an, wenn sie einen Tag nach Warenempfang abgesandt werden."*		

2.2 Stellen Sie dar, unter welchen Voraussetzungen die AGB Vertragsbestandteil werden.

____

____

____

3. Kreuzen Sie an, welchen Vorteil die Formulierung von allgemeinen Geschäftsbedingungen hat.

1	Die AGB beschleunigen den Abschluss eines Vertrages.	
2	Die AGB führen dazu, dass der Käufer bessere Bedingungen erhält.	
3	Die AGB erleichtern Vertragsabschlüsse, weil sie die Grundlage für viele Verträge bilden.	
4	Die AGB erschweren häufig einen Vertragsabschluss.	
5	Die AGB werden vom Gesetzgeber festgelegt.	

4. Prüfen Sie, ob folgende Klauseln in allgemeinen Geschäftsbedingungen gegenüber Nichtkaufleuten rechtswirksam sind: Lesen Sie hierzu §§ 308, 309 BGB. Recherchieren Sie den Gesetzestext im Internet.

	Allgemeine Geschäftsbedingungen	Prüfung der Rechtswirksamkeit
1	*„Wir sind berechtigt, die vereinbarte Leistung zu ändern oder von ihr abzuweichen.“*	
2	*„Erfolgt die Lieferung nicht zum vereinbarten Termin, so kann uns der Käufer eine dreimonatige Nachfrist setzen mit der Erklärung, dass er nach deren fruchtlosem Ablauf vom Kaufvertrag zurücktreten werde.“*	
3	*„Wir sind jederzeit berechtigt, vom Kaufvertrag zurückzutreten.“*	

	Allgemeine Geschäftsbedingungen	Prüfung der Rechtswirksamkeit
4	*„Kleinere fabrikationstechnisch bedingte Farbabweichungen müssen wir uns vorbehalten.“*	
5	*„Verlangt ein Käufer aufgrund berechtigter Reklamation Nacherfüllung, müssen wir eine Nutzungsgebühr in Höhe von 50 % des Barverkaufspreises verlangen.“*	
6	*„Bis zur Auslieferung des Kaufgegenstandes eintretende Preiserhöhungen gehen zulasten des Käufers.“*	
7	*„Verlangt der Kunde Nachbesserungen, muss er die dadurch entstehenden Aufwendungen, insbesondere Fahrt-, Arbeits- und Materialkosten, tragen.“*	
8	Aus den AGB einer Reinigung: *„Für Schäden haften wir nur bis zum Zehnfachen des Reinigungspreises.“*	

3 Nichtigkeit und Anfechtbarkeit von Rechtsgeschäften prüfen

Schulbuch Kap. 1.5

HANDLUNGSSITUATION

Svenja Wagner möchte ihrem Nachbarn, Igor Herrmann, schriftlich einen gebrauchten Pkw zum Kauf anbieten, vertippt sich jedoch und schreibt statt 5 500,00 EUR nur 4 500,00 EUR. Igor Herrmann nimmt das Angebot an. Der Wagen wird am folgenden Tag übergeben. Als Igor Herrmann kurz darauf bezahlen will, klärt sich alles auf.

ARBEITSAUFTRAG ZUR HANDLUNGSSITUATION

Prüfen Sie, welche rechtliche Maßnahme Svenja Wagner ergreifen kann.

WEITERE AUFGABEN

1. Herr Huber möchte seinen Pkw verkaufen, wird ihn aber nicht los. Unter der Drohung, er werde ihn wegen Fahrens ohne Führerschein anzeigen, zwingt Huber seinen Nachbarn Wolf zur Unterschrift des Vertrages. Der Wagen wird übergeben und sofort bezahlt.

   Stellen Sie dar, was Wolf, dessen Mut erst einige Zeit später erwacht, gegen Huber unternehmen kann.

2. Herr Kern kommt in ein Spielwarengeschäft und erklärt, er wolle den Spielzeugkauf anfechten, den ein Verkäufer mit seiner sechsjährigen Tochter Leonie abgewickelt hat. Er begründet seine Erklärung damit, dass Leonie nicht seine Zustimmung gehabt habe.

Nehmen Sie zu seiner Erklärung Stellung.

---

3. Notieren Sie die Ziffer, in welchem Fall Nichtigkeit vorliegt.

1	Verstoß gegen eine gesetzliche Formvorschrift	
2	Fehlen einer zugesicherten Eigenschaft	
3	Irrtum in der Erklärungshandlung	
4	arglistige Täuschung	
5	widerrechtliche Drohung	

4. Entscheiden Sie begründet bei den folgenden Fällen, ob das jeweilige Rechtsgeschäft gültig, nichtig oder anfechtbar ist.

	Rechtsgeschäft	gültig	nichtig	anfechtbar	Begründung
1	Ein Sechsjähriger kauft sich Süßigkeiten.				
2	Ein Händler verkauft absichtlich eine vergoldete Halskette als massive Goldkette.				
3	Ein 15-jähriger Junge kauft von seinem Taschengeld einen neuen Controller für seine Spielkonsole.				
4	Nach dem Training im Fitnessstudio ruft Melanie laut: *„Ich bin so durstig. Mein Monatsgehalt für eine Flasche Wasser“.* Ein Mitsportler antwortet: *„Moment, ich gebe dir meine Wasserflasche“.*				
5	Max Holl bestellt 10 Sonnenbrillen des Models „Sunlight“ per E-Mail. Zwei Tage später erhält er eine Lieferung über 100 Sonnenbrillen, weil er sich bei seiner Bestellung vertippt hat.				
6	Sowohl der Antiquitätenhändler als auch der Kunde halten eine Kommode aus dem 17. Jahrhundert für echt. Später stellt sich heraus, dass das Möbelstück eine Fälschung ist.				

5. Kennzeichnen Sie bei den folgenden Beispielen mit der Kennziffer

(1) ein gültiges Rechtsgeschäft

(2) ein nichtiges Rechtsgeschäft

(3) ein anfechtbares Rechtsgeschäft

Beispiele:

a) Die 6-jährige Tochter Ihrer Nachbarin lernt gerade allein einzukaufen. Sie kauft eine Packung Buntstifte für 7,49 EUR.	☐
b) Eine körperlich gebrechliche alte Dame erwirbt eine Küchenmachine, die umfangreiche Programmierkenntnisse zur Inbetriebnahme erfordert.	☐
c) Sie sind Inhaber/-in eines kleinen Geschenkartikelladens. Ein Großhändler bietet Ihnen im Frühsommer per E-Mail Verkaufsartikel zur Weihnachtsdekoration zu einem sehr günstigen Preis an. Sie nehmen das Angebot an. Als die große Zahl von Paketen geliefert wird, stellen Sie fest, dass Sie gar nicht wissen, wo Sie die Artikel so lange lagern sollen, bis die Saison für Weihnachtsartikel beginnt. Sie möchten vom Vertrag zurücktreten.	☐
d) Sie bitten eine neue Verkäuferin 10 hochwertige Kugelschreiber einer bestimmten Marke bei einem Händler per E-Mail zu bestellen. Die neue Mitarbeiterin verschreibt sich bei der Dateneingabe und bestellt 100 Stück.	☐
e) Die 17-jährige Nichte eines Ihrer Kollegen kauft Kosmetikartikel in der von Ihnen geleiteten Parfümerie im Wert von 19,89 EUR.	☐
f) Ihr 18-jähriger Bruder geht noch zur Schule und ist für seinen Lebensunterhalt von Ihren Eltern abhängig. Er schließt einen Handyvertrag ab, den Ihre Eltern nicht befürworten und es kommt aus diesem Grunde zu Unstimmigkeiten in der Familie.	☐

4 Kaufverträge rechtssicher abschließen

Schulbuch Kap. 1.6

HANDLUNGSSITUATION

Der 19-jährige Schüler Max bietet seinem gleichaltrigen Klassenkameraden Arne in einem Pausengespräch zwischen zwei Vormittagsstunden seinen gebrauchten Laptop für 200,00 EUR an. Max will den Laptop sofort verkaufen, Arne kann sich jedoch nicht entscheiden.

Am Nachmittag desselben Tages verkauft Max den Laptop seinem 18-jährigen Freund Hannes und vereinbart mit diesem einen Kaufpreis von 210,00 EUR. Die Übergabe des Laptops soll in 4 Tagen erfolgen.

Am nächsten Tag willigt Arne in den Kauf ein. Er besteht auf Erfüllung, weil nur er Rechte aus dem abgeschlossenen Kaufvertrag habe.

ARBEITSAUFTRÄGE ZUR HANDLUNGSSITUATION

1. Prüfen Sie, ob Max seinem Freund Arne den Laptop liefern muss.

2. Erklären Sie den Unterschied zwischen Verpflichtungsgeschäft und Erfüllungsgeschäft.

Verpflichtungsgeschäft	
Erfüllungsgeschäft	

3. Stellen Sie dar, dass es beim Kaufvertrag **zwei** Gläubiger und **zwei** Schuldner gibt. Vervollständigen Sie hierzu das folgende Schaubild mit den Begriffen „Schuldner“ und „Gläubiger“.

WEITERE AUFGABEN

1. Die Elektrogroßhandlung Groß OHG, Berlin, verfügt über einen Restposten an Kühlschränken. Sie bietet diese in einer Fachzeitschrift zum Vorzugspreis von 350,00 EUR je Stück an.

1.1 Auf die Anzeige hin bestellt das Elektrogeschäft Alexander Kraft e. Kfm. 5 Kühlschränke des angebotenen Modells zu je 350,00 EUR. Begründen Sie, ob die Groß OHG liefern muss.

____

____

____

1.2 Aufgrund einer Anfrage des Supermarkts Neumann GmbH gibt die Groß OHG am 25. März ein schriftliches Angebot mit folgendem Inhalt ab: „Preis 330,00 EUR bei Abnahme von 20 Stück, Zahlung netto Kasse“.

Am 10. April bestellt die Neumann GmbH 15 Stück zu je 330,00 EUR. Muss an die Neumann GmbH geliefert werden? Erläutern Sie die bestehende Rechtssituation.

____

____

____

2. Notieren Sie die Ziffer, unter welchen Bedingungen ein Kaufvertrag erst mit der Bestellungsannahme zustande kommt, wenn ein verbindliches Angebot vorliegt.

1	Sie bestellen unmittelbar per E-Mail.	
2	Sie schließen den Kaufvertrag telefonisch ab.	
3	Sie kürzen die Bestellmenge.	
4	Sie bestellen in der angegebenen Frist per Brief.	

3. Severin Schmidt hat sich ein Einfamilienhaus gebaut. Er nennt sich jetzt stolz „Hausbesitzer“.

Beurteilen Sie, inwiefern dieser Ausdruck zutreffend ist! Begründen Sie Ihre Antwort, wenn Severin Schmidt das Haus mietet!

____

____

____

____

____

4. Notieren Sie die Ziffer, welche der folgenden Aussagen richtig ist.

1	Besitz ist die rechtliche Herrschaft, Eigentum die tatsächliche Verfügungsgewalt.	
2	Eigentum ist die rechtliche Herrschaft, Besitz die tatsächliche Verfügungsgewalt.	
3	Solange ein Auszubildender ein Schulbuch ausgeliehen hat, ist er Eigentümer.	
4	Der Eigentümer ist immer auch der Besitzer einer Sache.	

5. Notieren Sie die Ziffer, in welchem Fall ein zweiseitiger Handelskauf vorliegt.

1	Frau Petzer kauft ihrer Nachbarin den Pkw ab.	
2	Ein Textileinzelhändler kauft sich in einem Onlineshop ein Kochbuch.	
3	Ein Unternehmer verkauft seinen Privatwagen an einen Mitarbeiter.	
4	Ein Schreibwarenhändler kauft beim Papiergroßhändler 100 Packungen Kopierpapier.	

6. Notieren Sie, welche Aussage über Besitz und Eigentum richtig ist.

1	Der Finder einer Sache ist Eigentümer.	
2	Die Eigentumsübertragung an beweglichen Sachen erfolgt in der Regel durch Einigung und Übergabe.	
3	Der gutgläubige Käufer erwirbt immer das Eigentumsrecht an gestohlenen Waren.	
4	Eigentum und Besitz bedeuten rechtlich dasselbe.	

7. 7.1 Erklären Sie Begriff und Zweck des Eigentumsvorbehalts.

Begriff Eigentumsvorbehalt	Zweck des Eigentumsvorbehalts

7.2 Der Bioladen EcoHut OHG hat soeben eine Lieferung von 4 Kartons mit hochwertigen Reinigungstüchern aus Naturfasern erhalten. Die allgemeinen Geschäftsbedingungen des Lieferanten legen fest:

Allgemeine Geschäftsbedingungen (Auszug)

Bis zum vollständigen Ausgleich aller Forderungen aus diesem Kaufvertrag mit dem Kunden verbleibt die Ware im Eigentum des Lieferers MsX. Im Rahmen eines ordentlichen Geschäftsvorganges kann der Kunde über die Ware verfügen. Die Rechte an daraus entstehenden Forderungen verbleiben bei MsX bis zur vollständigen Bezahlung gemäß § 398 BGB.

Erläutern Sie, ob die EcoHut OHG das Recht hat, die Ware weiterzuverkaufen.

7.3 Stellen Sie dar, welchen Vorteil der Eigentumsvorbehalt für den Lieferanten bietet.

7.4 Nennen Sie drei Gründe, bei deren Vorliegen der Eigentumsvorbehalt erlischt.

➤ ______________________________

____

____

____

➤ ______________________________

____

____

____

➤ ______________________________

____

____

____

8. Ein Fachgeschäft für Heizungsanlagen verkauft seine teuren, hochwertigen Anlagen nur unter Eigentumsvorbehalt. Notieren Sie, welche der folgenden Aussagen den Eigentumsvorbehalt richtig darstellt.

1	Der Kunde ist nur Besitzer und wird nie Eigentümer der Anlagen.	
2	Der Kunde muss das Eigentum an der Anlage nur erwerben, wenn er mit der Heizungsanlage zufrieden ist.	
3	Der Heizungshändler überträgt dem Kunden das Eigentum an der Anlage erst, nachdem sie vollständig bezahlt worden ist.	

5 Kassenvorgänge unter Beachtung betrieblicher und rechtlicher Regelungen abwickeln

Schulbuch Kap. 2

HANDLUNGSSITUATION

Alessia Seintto hat vor Kurzem ihre Ausbildung als Kauffrau im Einzelhandel beendet. Zurzeit arbeitet sie als neue Mitarbeiterin des Modehauses Elvira Nessensohn e. K. an der Kasse.

An ihrem Kassenterminal hat sich inzwischen eine Schlange von ungefähr 6 Kunden gebildet. Vor ihr steht eine Kundin, die einen eleganten Wollmantel gekauft hat, der Alessia gefällt und dessen Kaufpreis sie jetzt kassieren soll: *„169,00 EUR – das geht eigentlich"*, denkt Alessia.

Da sieht sie, dass sie aus Versehen 199,00 EUR in die Kasse eingetippt hat. Die Warteschlange an der Kasse wird immer länger. Um den Fehler so schnell wie möglich auszugleichen, reduziert sie das ebenfalls von der Kundin gekaufte Kleid um 30,00 EUR und erklärt der Kundin diese Regelung.

ARBEITSAUFTRAG ZUR HANDLUNGSSITUATION

Beurteilen Sie das Verhalten der Kassiererin.

WEITERE AUFGABEN

1. Beschreiben Sie den Vorgang der Datenerfassung durch einen Scanner im Kassensystem.

2. 2.1 Erläutern Sie die Bedeutung des Barcodes zur artikelgenauen Datenerfassung.

2.2 Beschreiben Sie das Prinzip des Price-look-up-Verfahrens (PLU).

2.3 Nennen Sie einen wichtigen Vorteil, den das PLU-Verfahren bietet.

3. In einem Warenhaus sind sämtliche 5 Kassen untereinander und mit einem Server verbunden. Notieren Sie, welche Aussagen zu diesen Verbundkassen richtig sind.

1	Um eine Kasse nutzen zu können, müssen alle 5 Kassen in Betrieb sein.	
2	Aufgrund des Anschlusses an den Server kann jede Kasse allein genutzt werden.	
3	Ein Sonderrabatt für ein Kleid wegen einer kleinen Farbabweichung löst bei den übrigen Kassen – beim gleichen Artikel – ebenfalls eine Preisreduktion aus.	
4	Der Einzelhandelsbetrieb kann jederzeit den Kassen-Ist-Bestand der einzelnen Kassen abrufen.	

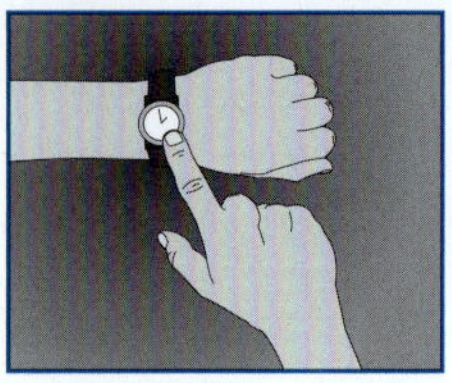

4. Aufgrund einer Sonderaktion für Hemden hat sich am Kassenterminal der Herrenabteilung eines Kaufhauses eine lange Warteschlange gebildet. Beim Kassieren eines Hemdes zum Sonderpreis von 14,95 EUR fehlt die Artikelnummer. Trotz des bekannten Preises erfragt die Kassiererin bei einem Kollegen die Artikelnummer, was einige Minuten Zeit in Anspruch nimmt.

Die Kunden haben für die Vorgehensweise der Kassiererin kein Verständnis und ärgern sich wegen der damit verbundenen längeren Wartezeit. Die Kassiererin entschuldigt sich für die Verzögerung und behauptet, dass sie den Preis nicht ohne Artikelnummer eintippen könne.

Prüfen Sie, ob die Kassiererin recht hat.

____

____

____

____

____

____

5. Notieren Sie vier Informationen, die Sie durch das Warenwirtschaftssystem ermitteln können.

➤ ______________________________

➤ ______________________________

➤ ______________________________

➤ ______________________________

6. Sie stellen fest, dass ein Warenverkauf von 5 Bohrmaschinen im Warenwirtschaftssystem nicht erfasst wurde.

6.1 Erläutern Sie die Auswirkungen, die dies auf den Lagerbestand der Bohrmaschinen hat.

____

____

____

6.2 Welche Maßnahmen ergreifen Sie? Begründen Sie Ihre Entscheidung.

____

____

____

7. Im Supermarkt ALLES KLAR e. K. ist der Verkäufer Yannick Neumann heute zum ersten Mal allein für eine Kasse verantwortlich. Er bereitet sich gerade auf den Beginn der Kassiertätigkeit vor.

7.1 Zählen Sie sechs Tätigkeiten auf, die Yannick als Vorbereitung erledigen muss.

- ______________________________
- ______________________________
- ______________________________
- ______________________________
- ______________________________
- ______________________________

7.2 Bringen Sie die folgenden Arbeitsschritte eines Kassiervorgangs einer Bargeldzahlung in die richtige Reihenfolge, indem Sie die einzelnen Schritte mit den Kennziffern (1) bis (6) versehen.

a) Dem Kunden den Kassenbon aushändigen.	☐
b) Das vom Kunden erhaltene Bargeld in die Geldfächer einsortieren.	☐
c) Dem Kunden den zu zahlenden Betrag nennen.	☐
d) Vom Kunden erhaltene Geldscheine zunächst einmal sichtbar ablegen oder an die Registrierkasse klemmen und noch nicht in die Geldfächer einsortieren.	☐
e) Bargeld vom Kunden entgegennehmen und kontrollieren.	☐
f) Betrag des Wechselgeldes dem Kunden deutlich nennen und auszahlen.	☐

8. 8.1 Um eine Berechtigung zum Vorsteuerabzug sicherzustellen, müssen Rechnungen bestimmte Pflichtangaben enthalten.

Recherchieren Sie, welche Pflichtangaben eine Rechnung haben muss und erstellen Sie eine Liste.

Allgemeine Pflichtangaben auf Rechnungen

1. ______________________________
2. ______________________________
3. ______________________________
4. ______________________________
5. ______________________________
6. ______________________________
7. ______________________________
8. ______________________________
9. ______________________________
10. ______________________________
11. ______________________________
12. ______________________________

8.2 Beschreiben Sie, wie Sie sich verhalten, wenn Sie als Einzelhandelskaufmann/-frau eine Rechnung erhalten, bei der verpflichtende Bestandteile fehlen.

___

___

___

___

___

8.3 Entspricht der abgebildete Beleg dem Umsatzsteuergesetz? Begründen Sie Ihre Entscheidung.

BüTop
BÜROMÖBEL TOPAUER KG

Büromöbel Topauer KG, Tengstr. 28, 80796 München
Herrrn
Xaver Topauer
im Hause

Kundennummer	Auftragsnummer	Auftragsdatum	Bestellnummer
–	–	–	–

Rechnung

Pos.	Art.-Nr.	Bezeichnung	Menge	Einzelpreis EUR	Gesamtpreis EUR
1	20400	Computertisch Studio Line zur privaten Nutzung	1	700,00	700,00
			Nettopreis		700,00
			+ 19 % Umsatzsteuer		133,00
			Rechnungsbetrag		833,00

Zahlungsbedingungen: Innerhalb 14 Tagen 2 % Skonto = 16,66 EUR; 30 Tage netto

Registergericht München
HRA 8966
USt-IdNr. DE 129 000 000
Steuer-Nr. 9143/105/00001

Tengstr. 28
80796 München
Tel. 089 259 19-0
Fax 089 259 19-10

Postbank München
IBAN DE94 7001 0080 0134 3834 64; BIC PBNKDEFFXXX
Hypo-Vereinsbank München
IBAN DE17 7002 0270 0004 6462 32; BIC HYVEDEMMXXX

___

___

___

9. 9.1 Erstellen Sie aufgrund der nachfolgenden Angaben eine Quittung.

Name des Zahlers:	Timo Heinzle, Schwabstraße 14, 71069 Sindelfingen
Zahlungsgrund:	Barverkauf von Gartenstühlen
Zahlungsbetrag:	210,63 EUR einschließlich 19 % USt
Zahlungsempfänger:	Gartenparadies Hanno Wetzel e. Kfm., Marienstraße 20, 71063 Sindelfingen
Ausstellungsdatum:	10. August 20..

Quittung

Quittung

Netto EUR

\+ %MwSt./EUR

Nr.

Gesamt EUR

EUR in Worten

Cent wie oben

von

für

dankend erhalten.

Ort/Datum

Buchungsvermerke

Stempel/Unterschrift des Empfängers

9.2 Unter bestimmten Voraussetzungen ist eine Quittung eine beweiskräftige Urkunde für die Zahlung.

Nennen Sie die Voraussetzungen.

9.3 Erläutern Sie, was mit einer Quittung quittiert wird.

---

10. Entwerfen Sie aufgrund der nachfolgenden Angaben eine Rechnung nach dem Umsatzsteuergesetz.

Lieferer: Elektrohaus Fritz Gross e. Kfm., Klugstr. 20, 70197 Stuttgart

Kunde: Ted Walker, Kolpingstr. 101, 96450 Coburg

Ware: Solar-Gartenlampe, Art.-Nr. 857160, Preis 76,16 EUR je Stück einschließlich 19 % USt, gekaufte Anzahl: 3 Stück, Fracht und Verpackung pauschal 12,00 EUR zuzüglich 19 % USt.

Weitere Angaben: Rechnungsnummer: 101/05; Rechnungsdatum: 20. Mai 20..; Lieferungszeitpunkt: 18. Mai 20..; Zahlungsbedingungen: 2 % Skonto bei Zahlung innerhalb 8 Tage, Zahlungsziel 20 Tage; Registergericht Stuttgart HRA 171850; St.-Nr. 1934/106/17; Tel. 0711 15920-0; Deutsche Bank Stuttgart, IBAN: DE55 6007 0070 0000 1870 10, BIC: DEUTDESSXXX.

Elektrohaus Fritz Gross e. Kfm. · Stuttgart

Elektrohaus Fritz Gross e. Kfm. Stuttgart

Lieferdatum	Artikelnummer	Bezeichnung	Menge	Einzelpreis EUR	Gesamtpreis EUR

19 % Umsatzsteuer

Zahlungsbedingungen:

6 Über Zahlungsarten informieren

Schulbuch Kap. 3

HANDLUNGSSITUATION

Niklas Bayer hat am 1. September, kurz nach seinem 18. Geburtstag, seine Ausbildung als Kaufmann im Einzelhandel bei dem Küchencenter Josef Niederhuber OHG in 97082 Würzburg begonnen. Er hat auch gleich ein Girokonto bei der Volksbank Würzburg eG eröffnet. Auf dieses Konto wird seine Ausbildungsvergütung überwiesen.

Niklas überlegt, welche Möglichkeiten der Nutzung ihm sein Girokonto sonst noch bietet und welche Nachteile damit verbunden sein könnten.

ARBEITSAUFTRÄGE ZUR HANDLUNGSSITUATION

1. Erläutern Sie die Funktion des Girokontos bei einem bargeldlosen Zahlungsvorgang.

____

____

____

____

2. Nennen Sie drei Vorteile und drei Nachteile eines Girokontos.

Vorteile	Nachteile
➤ ______	➤ ______
➤ ______	➤ ______
➤ ______	➤ ______

WEITERE AUFGABEN

1. Als Auszubildende(r) im Einzelhandel sehen Sie in der täglichen Praxis, dass viele Kunden mit Plastikkarte oder per Smartphone, d. h. bargeldlos, bezahlen.

Führen Sie jeweils vier Vor- und Nachteile des bargeldlosen Zahlens aus der Sicht des Einzelhandelsbetriebs auf.

Vorteile	Nachteile
➤ ______	➤ ______
➤ ______	➤ ______
➤ ______	➤ ______
➤ ______	➤ ______

2. Beschreiben Sie das Prinzip der Barzahlung. Wodurch ist das Zahlungsmittel gekennzeichnet?

3. Barzahlung im Einzelhandel – eine Frage der Perspektive

3.1 Nennen Sie jeweils zwei Vor- und Nachteile, die die Barzahlung des Kunden für den **Einzelhandelsbetrieb** haben kann.

Vorteile der Barzahlung	Nachteile der Barzahlung
➤ ______	➤ ______
______	______
______	______
➤ ______	➤ ______
______	______
______	______

3.2 Nennen Sie jeweils zwei Vor- und Nachteile, die Barzahlung für den **Kunden** haben kann.

Vorteile der Barzahlung	Nachteile der Barzahlung
➤ ______	➤ ______
______	______
______	______
➤ ______	➤ ______
______	______
______	______

4. 4.1 Nennen Sie vier Sicherheitsmerkmale von Banknoten.

➤ ______

➤ ______

➤ ______

➤ ______

4.2 Sie erhalten beim Kassiervorgang einen 50-Euro-Schein von einem Kunden und stellen fest, dass dieser Schein gefälscht ist.

Recherchieren Sie, wie Sie sich in diesem Fall zu verhalten haben.

5. Beschreiben Sie die Zahlungsweisen per Girocard

5.1 unter Eingabe der PIN.

5.2 nach dem elektronischen Lastschriftverfahren (ELV) mit Leistung einer Unterschrift.

5.3 Beurteilen Sie die Sicherheit beider Zahlungsweisen für den Einzelhandelsbetrieb.

6. Recherchieren Sie Möglichkeiten des kontaktlosen Bezahlens (Mobile Payment).

6.1 Zahlung auf der Grundlage der NFC-Technik (Near Field Communication)

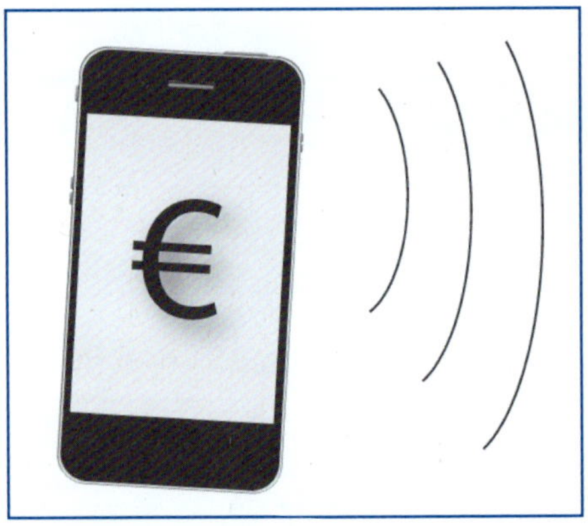

6.2 Mobiles Zahlen mittels eines QR-Codes.

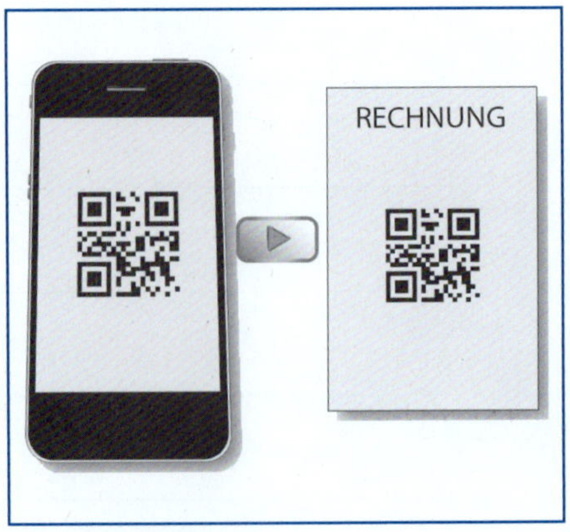

7. Füllen Sie das abgebildete Überweisungsformular nach folgenden Angaben aus.

Die Sport-Burr KG, Ulm, überweist für ein Kopiergerät 4669,00 EUR von ihrem Girokonto bei der Sparkasse Ulm mit der IBAN DE66 6305 0000 0002 0235 59 an das Handelsunternehmen Stefan Osann e. Kfm., Ulm, auf dessen Konto bei der Volksbank Ulm-Biberach mit der IBAN DE64 6309 0100 0002 6432 60. Vermerk: Rechnung vom 16. Mai d. J.

SEPA-Überweisung

SOLADES1ULM

Sparkasse Ulm

Nur für Überweisungen in Deutschland, in andere EU-/EWR-Staaten und in die Schweiz sowie nach Monaco in Euro.

Angaben zum Zahlungsempfänger: Name, Vorname/Firma (max. 27 Stellen, bei maschineller Beschriftung max. 35 Stellen)

IBAN **Bei Überweisungen in Deutschland immer 22 Stellen ⟶ sonstige Länder 15 bis max. 34 Stellen**

BIC des Kreditinstituts/Zahlungsdienstleisters (8 oder 11 Stellen)

Die Angabe des BIC kann entfallen, wenn die IBAN des Zahlungsempfängers mit DE beginnt.

Betrag: Euro, Cent

Kunden-Referenznummer - Verwendungszweck, ggf. Name und Anschrift des Zahlers - (nur für Zahlungsempfänger)

noch Verwendungszweck (insgesamt max. 2 Zeilen à 27 Stellen, bei maschineller Beschriftung max. 2 Zeilen à 35 Stellen)

Angaben zum Kontoinhaber: Name, Vorname/Firma, Ort (max. 27 Stellen, keine Straßen- oder Postfachangaben)

IBAN **Prüfziffer** **Bankleitzahl des Kontoinhabers** **Kontonummer** (ggf. links mit Nullen auffüllen)

16

111 360.002 SE 35784

Datum **Unterschrift(en)**

8. 8.1 Unterscheiden Sie den Dauerauftrag vom SEPA-Lastschriftverfahren und bilden Sie zu jeder Überweisungsart drei Beispiele.

Dauerauftrag	
SEPA-Lastschrift-verfahren	

8.2 Nennen Sie den gemeinsamen Vorteil, den Zahlungen mit Dauerauftrag und SEPA-Lastschriftverfahren für den Zahlenden haben.

9. Begründen Sie in Stichworten, welche Zahlungsart Sie in den nachfolgenden Fällen wählen.

	Fälle	Zahlungsart mit Begründung
1	Ein Kunde hat bei seinem Elektrohändler eine teure Reparatur für einen neuwertigen Fernsehapparat beglichen. Nach Reklamation des Händlers beim Werk erhält der Kunde eine Gutschrift von 80,00 EUR. Der Kunde hat ein Girokonto.	
2	Jens Maier hat von einem Autohaus einen Pkw geleast. Wie wird er die fälligen monatlichen Leasingraten über jeweils 419,00 EUR bezahlen?	
3	Das Textilhaus Schwalbe GmbH sucht nach einer günstigen Zahlungsart für die monatlichen Wasser- und Telefonrechnungen.	
4	Das Lebensmittelgeschäft Dirk Breme e. K. möchte eine Rechnung über Waschmittel in Höhe von 480,00 EUR begleichen. Es hat ein Girokonto bei der Kreissparkasse des Orts. Auf der Rechnung ist folgendes Konto angegeben: WestLB Dortmund, IBAN DE35 4405 0000 0004 1432 90.	
5	Der Dachdeckermeister Timo Zwicker hat eine kleine Reparatur an der Dachrinne des Textilhauses Felix Glück KG vorgenommen. Er möchte das Geld für die Reparatur sofort haben.	

10. 10.1 Welche Aussagen zur Kreditkarte sind zutreffend, welche nicht?

Kennzeichnen Sie die Aussagen wie folgt:

- zutreffende Aussagen mit einer (1)
- nicht zutreffende Aussagen mit einer (2)

a) Kreditkarten können nur im Inland eingesetzt werden.	☐
b) Beim Bezahlen an der Kasse eines Händlers unterschreibt der Kunde in der Regel einen ausgedruckten Beleg.	☐
c) Die Abrechnung der monatlichen Kreditkartenzahlungen erfolgt für jeden Kunden über den Einzelhandelsbetrieb.	☐
d) Eine kontaktlose Zahlung ist möglich.	☐
e) Das Einzelhandelsgeschäft muss Vertragspartner der Kreditgesellschaft sein, die die betreffende Kreditkarte ausgegeben hat, um Beträge einziehen zu können.	☐

10.2 Nennen Sie zwei Vorteile der Kreditkarte aus Sicht des Karteninhabers.

- ______________________________
- ______________________________

10.3 Erläutern Sie zwei Vorteile und zwei Nachteile der Kreditkartenzahlung aus Sicht des Einzelhandelsbetriebs.

Vorteile für den Einzelhandelsbetrieb	Nachteile für den Einzelhandelsbetrieb
➤ ____________	➤ ____________
➤ ____________	➤ ____________

11. In einem Kaufhaus in Rostock stehen die beiden Auszubildenden Akgün Özer und Beeke Petersen in der Nähe des Point of Sale an einem Informationsstand, um den Kunden ihres Ausbildungsbetriebes die neue Kundenkarte anzubieten. Das Interesse der Kunden ist nicht sehr groß.

Beeke: *„Ich möchte wissen, was wir tun können, damit die Kunden sich mehr für unsere Kundenkarten interessieren. Selbst wenn wir beim Einkauf unserer Waren mit Kundenkarte 5 % Rabatt gewähren würden, hätten die Kunden wahrscheinlich immer noch kein Interesse."*

Akgün: *„Na ja, andererseits sind die Daten unserer Kunden für das Kaufhaus ja auch nicht gerade unerheblich. Mit den Informationen, die der Kunde beim Ausfüllen der Anträge hinterlässt, können wir z. B. viel gezielter für neue Produkte werben."*

Beeke: *„Stimmt, aus der Sichtweise der Händler können Kunden gezielter an das Unternehmen gebunden und zu noch mehr Umsatz bewegt werden."*

11.1 Nennen Sie neben den finanziellen Anreizen wie Rabattaktionen oder Sonderaktionen weitere Vorteile, die Kundenkarten für den Kunden haben können.

____

____

____

____

____

11.2 Führen Sie drei Gründe an, warum das Interesse mancher Kunden an Kundenkarten nur begrenzt ist.

➤ ____

____

____

➤ ____

____

____

➤ ____

____

____

11.3 Nennen Sie Vorteile der Kundenkarten für den Einzelhandelsbetrieb.

12. 12.1 Beschreiben Sie das Recht, das der Inhaber eines Gutscheins gegenüber dem ausgebenden Einzelhandelsgeschäft besitzt.

12.2 Erläutern Sie mit zwei Argumenten, warum ein Einzelhandelsbetrieb den Kunden Gutscheine anbietet.

12.3 Beschreiben Sie, was das Verkaufspersonal bei der Einlösung eines Gutscheins zu beachten hat.

7 Kassenabrechnungen durchführen

Schulbuch Kap. 4

HANDLUNGSSITUATION

Mustafa Ersoy, Auszubildender zum Einzelhandelskaufmann im 3. Ausbildungsjahr, wurde von seinem Ausbilder Robert Lindemann erstmals beauftragt, nach Kassenschluss den Kassenbericht zu erstellen. Mustafa Ersoy liegen folgende Kassendaten für den 10. Januar 20.. vor.

Kassenanfangsbestand am 10. Januar 20..	1 168,80 EUR
Auszahlung für Wareneingang	1 504,80 EUR
Privateinlage	5 264,40 EUR
Barzahlung der Garagenmiete für das Privatauto	91,20 EUR
Kassenbestand bei Geschäftsschluss am 10. Januar 20..	22 116,00 EUR

ARBEITSAUFTRAG ZUR HANDLUNGSSITUATION

Mustafas Kassenbericht sieht wie folgt aus:

	Kassenbestand bei Geschäftsschluss		22 116,00 EUR
+	Auszahlungen für Wareneingang	1 504,00 EUR	
+	Barauszahlung Garagenmiete für Privatauto	91,20 EUR	1 595,20 EUR
			23 711,20 EUR
–	Privateinlage		5 264,40 EUR
+	Kassenanfangsbestand		1 168,80 EUR
=	Barverkauf des Tages		19 615,60 EUR

Überprüfen Sie, ob der Barverkauf des Tages von Mustafa korrekt ermittelt wurde:

Kassenbestand bei Geschäftsschluss		.... EUR
Auszahlungen für Wareneingang	.... EUR	
Barauszahlung Garagenmiete für Privatauto	.... EUR	.... EUR
		.... EUR
Privateinlage		.... EUR
Kassenanfangsbestand		.... EUR
Barverkauf des Tages		.... EUR

WEITERE AUFGABEN

1. Für den Kassenbericht liegen Ihnen am 25. November 20.. folgende Angaben vor:

Kassenanfangsbestand am 25. November 20..	246,32 EUR
Entnahmen:	
– Ausgabe für Reinigungsmittel	63,84 EUR
– Barzahlung einer Eingangsrechnung	866,85 EUR
– für Privatzwecke	342,00 EUR
Bargeldbestand bei Geschäftsschluss am 25. November	800,28 EUR

1.1 Ermitteln Sie die Bareinnahmen am 25. November 20..

....		.... EUR
....	.... EUR	
....	.... EUR	
....	.... EUR	.... EUR
....		.... EUR
Bareinnahmen		.... EUR

1.2 Berechnen Sie die USt (Steuersatz 19 %) und den Nettobetrag des Warenverkaufs aus den Bareinnahmen.

.... % .... EUR

.... % .... EUR x = ———————— = ... EUR

Bruttowarenwert	.... EUR
19 % USt	.... EUR
= Nettowarenwert	.... EUR

2. Bei der Kassenabrechnung zum Geschäftsschluss liegen folgende Daten vor:

- Geldscheine 4 400,00 EUR
- Münzen 103,20 EUR
- Bankeinzahlung 4 000,00 EUR
- Wechselgeld 480,00 EUR
- Ergebnis des elektronischen Kassenberichts 8 028,40 EUR

2.1 Berechnen Sie die tatsächliche Kasseneinnahme.

....	.... EUR
....	.... EUR
....	.... EUR
Kasseneinnahme	.... EUR

2.2 Vergleichen Sie die tatsächliche Kasseneinnahme mit dem Ergebnis des elektronischen Kassenberichtes.

....	.... EUR
....	.... EUR
....	.... EUR

2.3 Erläutern Sie die Begriffe Kassenüberschuss und Kassenfehlbetrag.

Kassenüberschuss	**Kassenfehlbetrag**

2.4 Erläutern Sie die Zielsetzung eines Kassensturzes.

3. Bei der Kassenabrechnung des Sonderverkaufs vor dem Geschäft wird festgestellt, dass 85 Artikel zum Preis von je 9,99 EUR verkauft wurden. Bei Geschäftseröffnung befand sich 116,00 EUR Wechselgeld in der Kasse. Der Kassenbestand bei Geschäftsschluss beträgt 966,15 EUR.

3.1 Ermitteln Sie die Kasseneinnahmen.

....	.... EUR
....	.... EUR
Kasseneinnahmen	.... EUR

3.2 Berechnen Sie die Kassendifferenz.

....	.... EUR
....	.... EUR
Kassendifferenz	.... EUR

3.3 Nennen Sie Gründe, worauf die Kassendifferenz zurückzuführen sein könnte.

4. Berechnen Sie die fehlenden Beträge im abgebildeten Finanzbericht eines Lebensmittelgeschäfts.

Finanzbericht	
Bruttoumsatz	4408,40 EUR
Nettoumsatz	______________
Umsatzsteuer 7 %	______________
Anzahl der verkauften Artikel	1 140
Anzahl der Kunden	380
verkaufte Artikel je Kunde	______________
Bruttoumsatz je Kunde	______________

Nebenrechnung

1 Mit Visual Merchandising eine besondere Verkaufsatmosphäre schaffen

Schulbuch Kap. 1

HANDLUNGSSITUATION

Florian Riedel ist Auszubildender zum Einzelhandelskaufmann im zweiten Ausbildungsjahr bei Hansen & Sohn e. Kfm. in Lübeck. Sein Ausbildungsbetrieb ist ein altes traditionelles Lübecker Einzelhandelsunternehmen mit dem Schwerpunkt hochwertige Haushaltswaren. Die Konkurrenzsituation hat sich in den letzten Jahren durch die Zunahme einiger beliebter Einkaufscenter in der Nähe sehr verschärft.

Jetzt beginnt bald die wichtigste Zeit des Jahres mit dem Hauptumsatz, die Weihnachtszeit.

Frieder Hansen, der als Einzelunternehmer das Unternehmen leitet, hat ein Meeting mit dem Verkaufspersonal einberufen, an dem auch Florian teilnimmt. Es geht um die Weihnachtsdekoration des Geschäftes in diesem Jahr.

Frieder Hansen: *„Bei der Gestaltung des Verkaufsraumes würde ich mich freuen, wenn wir uns an das Konzept halten würden, das wir im letzten Jahr verwendet haben. Das Feedback, das wir von unseren Kunden erhalten haben, war im Großen und Ganzen recht gut."*

Florian Riedel: *„Stimmt, dann muss aber auch wieder Rudi, der singende Elch, aufgebaut werden. Der hat besonders die Kinder begeistert."*

Frieder Hansen: *„Den Elch sollten wir wieder im Eingangsbereich platzieren. Dazu müssten wir noch eine entsprechende Weihnachtslandschaft um ihn herum aufbauen. Darum können Sie sich, Herr Riedel, mithilfe unseres externen Dekorateurs kümmern, den ich wieder beauftragen werde."*

Florian Riedel: *„Das mache ich sehr gern. Ich finde aber, wir sollten nicht alles genau so machen wie im letzten Jahr, sondern neue Akzente setzen. Ich habe da schon so eine Idee, was mit Wald, Weihnachtszeit und Elch alles zusammenpassen würde. Auch auf die richtigen Materialien müssten wir achten."*

Frieder Hansen: *„Achten Sie besonders auf die Beleuchtung. Im letzten Jahr wurden zu viele Lichter im Fenster platziert. Die wirkten sehr grell und eher abschreckend. Auch die Farben passten nicht immer gut zueinander. Wir müssen uns besonders positiv von der Konkurrenz abheben, um die Aufmerksamkeit der Kunden auf uns zu lenken."*

Florian Riedel: *„Ich habe schon ein paar sehr gute Ideen, die ich Ihnen in den nächsten Tagen gern mal zeigen würde."*

Frieder Hansen: *„Das klingt gut. Ich bin schon gespannt darauf. Hauptsache, es gefällt auch unseren Kunden."*

ARBEITSAUFTRÄGE ZUR HANDLUNGSSITUATION

1. Frieder Hansen und Florian Riedel haben einige Vorstellungen zur Weihnachtsdekoration des Verkaufsraums dargelegt.

1.1 Nehmen Sie Stellung zu den in diesem Gespräch vorgeschlagenen Maßnahmen und den kritischen Äußerungen der beiden Personen.

1.2 Stellen Sie weitere Dekorationsideen vor, die für das Geschäft in der Weihnachtszeit verkaufsfördernd sein könnten.

2. Warum ist das Feedback der Kunden für Einzelhandelsgeschäfte wichtig? Begründen Sie Ihre Meinung.

WEITERE AUFGABEN

1. Wichtige Elemente der visuellen Kommunikation sind Beleuchtung und Farbe.

1.1 Erläutern Sie, welche Aufgaben die Beleuchtung hat.

Art der Beleuchtung	Erläuterungen
Grundbeleuchtung	
Akzentbeleuchtung	
Warenwandbeleuchtung	

1.2 Erklären Sie, warum Farben ein wichtiges Element zur Verkaufsraumgestaltung darstellen.

1.3 Erklären Sie, welche Rolle der Geruchssinn bei der Wahrnehmung einer Raumatmosphäre spielen kann.

2. Daniel Zwister, 35 Jahre alt, ist begeisterter Snowboarder im Winter und Kletterer im Sommer. Er hat beschlossen, ein Sportfachgeschäft für Snowboards in Rosenheim zu eröffnen. Einen Namen für das Geschäft hat er sich bereits ausgedacht: *„Daniels Snowboard-Point“.* Im Zentrum kann er in der innerstädtischen Nebenlage einen Laden (200 m^2) anmieten. Als Zielgruppe will er vor allem junge Leute ansprechen.

2.1 Daniel macht sich Gedanken über die Gestaltung seines Geschäfts. Er will eine Verkaufsatmosphäre schaffen, die zur Zielgruppe und zu der Sportart passt und zudem alle fünf Sinnesorgane der Käufer anspricht.

Benennen Sie die fünf Sinne und bilden Sie jeweils ein Beispiel, wie Sie diese im Hinblick auf die Zielsetzung von Daniel Zwister ansprechen.

Begründen Sie Ihre Vorschläge. Verwenden Sie hierzu folgende Tabelle:

Sinne	Beispiele für die Verkaufsraumgestaltung
(visuelle Impulse)	
(akustische Impulse)	
(olfaktorische Impulse)	
(gustatorische Impulse)	
(haptische Impulse)	

2.2 Daniel möchte die Snowboards an einer Wand besonders wirkungsvoll präsentieren. Beschreiben Sie eine Möglichkeit, wie die Wand gestaltet werden könnte.

____

____

____

____

3. Füllen Sie die Tabelle aus.

Gestaltungselemente	Mögliche Wirkung auf den Kunden
Licht, Farbe, Dekorationen, Bilder	➤ ______________ ______________ ➤ ______________ ______________
Gerüche, Düfte, Luft, Temperatur	➤ ______________ ______________ ➤ ______________ ______________
Musik	➤ ______________ ______________ ➤ ______________ ______________
Materialauswahl	➤ ______________ ______________ ➤ ______________ ______________
Ruhezonen	➤ ______________ ______________

4. Auf den folgenden Fotos sind verschiedene Schaufenster dargestellt.
Nennen Sie den jeweiligen Schaufenstertyp und begründen Sie Ihre Zuordnung.

(A)

(B)

(C)

(D)

Schaufenstertyp	Erläuterungen
(A) ______	______ ______
(B) ______	______ ______
(C) ______	______ ______
(D) ______	______ ______

2 Laufwege und Verkaufszonen gestalten

Schulbuch Kap. 2

HANDLUNGSSITUATION

Die Kundin eines Lebensmitteldiscounters aus Berlin möchte für ihre Familie einen Kuchen backen. Um die Zutaten für den Kuchen einzukaufen, besucht sie den Discounter am Tag nach der Neueröffnung erwartungsfroh.

Vor der Neueröffnung musste sie, oft ohne Abweichung, durch die einzelnen Abteilungen laufen, um so alle Zutaten zusammenzutragen. Nachdem der Discounter umgebaut hat, wird sie nun aufgrund der neuen Wegführung durch das gesamte Geschäft geführt. Dabei kann sie unterschiedliche Wege eigenständig auswählen und erhält dadurch viele Kontakte zum gesamten Sortiment.

ARBEITSAUFTRÄGE ZUR HANDLUNGSSITUATION

1. Nennen Sie die Formen der Laufwege, die hier beschrieben werden.

Vor dem Umbau:	

Nach dem Umbau:	

2. Erläutern Sie, nach welchem Laufweg-Prinzip die Kunden nach der Neueröffnung das Geschäft durchlaufen.

____

____

WEITERE AUFGABEN

1. Erklären Sie, warum es wichtig ist, einen Laufweg durch den Verkaufsraum zu planen.

➤ ______________________________

____

➤ ______________________________

____

➤ ______________________________

____

2. Ein Einzelhändler betreibt seit einigen Jahren im Zentrum einer Kleinstadt ein Haushaltswarenfachgeschäft. Zusammen mit seinen Mitarbeitern und einem Unternehmensberater will er das Geschäft kundenattraktiver gestalten. Bei dieser Gelegenheit soll die Verkaufsform von der Vollbedienung auf die Vorwahl umgestellt werden.

2.1 Erläutern Sie, weshalb viele Kunden Geschäfte mit Vorwahlsystem bevorzugen.

Geben Sie dazu zwei Gesichtspunkte an.

➤ ______________________________

____

➤ ______________________________

____

2.2 Nennen Sie zwei Erwartungen, die der Einzelhändler durch die Änderung der Verkaufsform hat.

➤ ______________________________

____

➤ ______________________________

____

2.3 Der Verkaufsraum hat folgenden Grundriss:

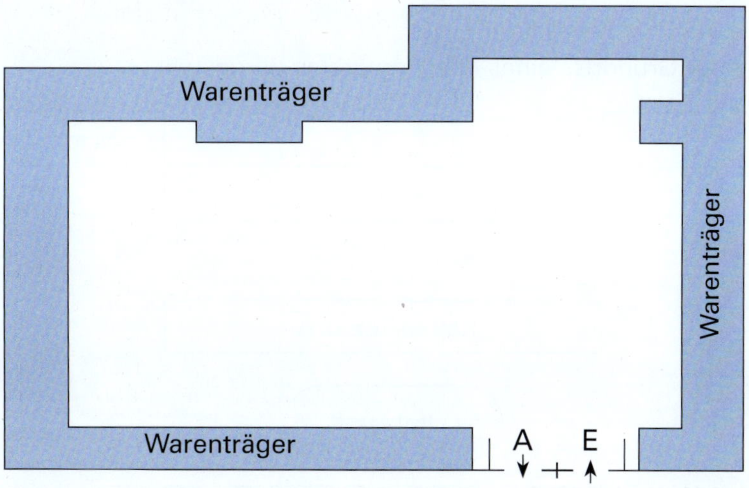

2.3.1 Entwickeln Sie einen Vorschlag zur verkaufsaktiven Gestaltung/Nutzung der Ladenmitte.

____

____

____

____

2.3.2 Erklären Sie, weshalb es ratsam ist, den Kundenstrom in einem Geschäft mit Vorwahlbedienung oder Selbstbedienung sinnvoll zu lenken.

____

____

____

____

____

2.3.3 *„Teile des Kernsortiments können auch in verkaufsschwachen Zonen platziert werden."* Nehmen Sie Stellung zu dieser Behauptung.

____

____

____

____

____

3. Im Folgenden wird der Grundriss eines Frischemarktes dargestellt.

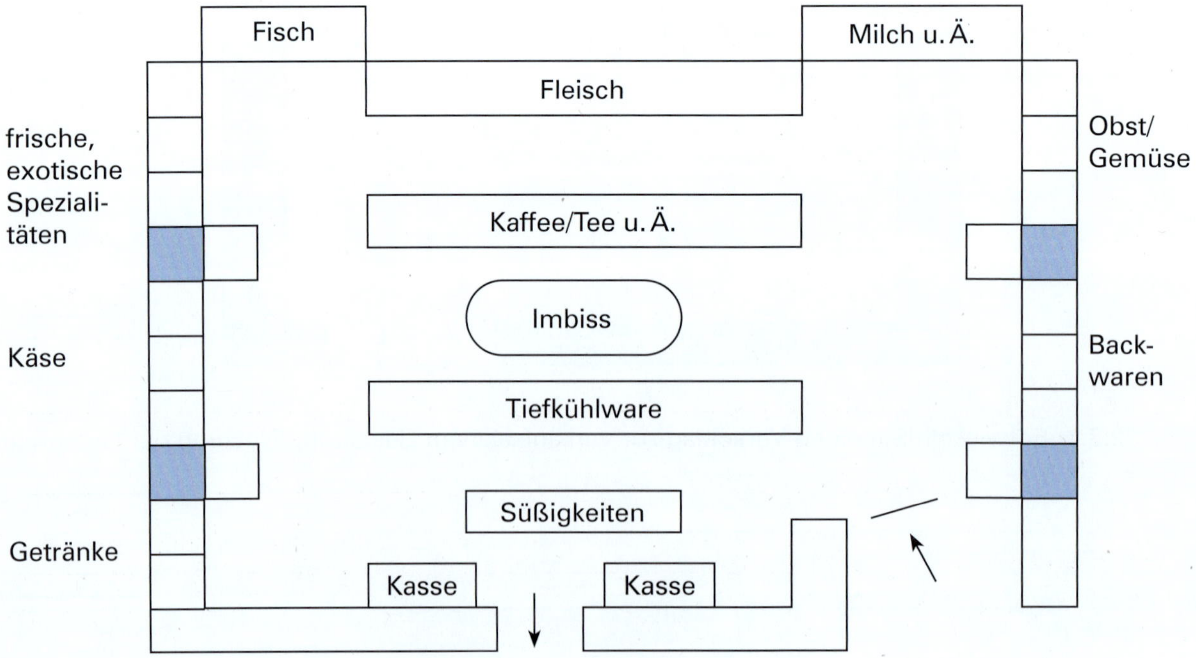

3.1 Zeichnen Sie den Hauptkundenleitweg in den Grundriss ein.

3.2 Nennen Sie das Prinzip, das der Laufwegführung zugrunde liegt.

Laufweg-Prinzip	

3.3 Beschreiben Sie, worauf bei der Laufweg-Führung besonders geachtet wurde.

3.4 Geben Sie an, welche Bereiche sich in verkaufsschwachen Zonen befinden.

- ➤
- ➤
- ➤
- ➤

3.5 Notieren Sie (bezogen auf den Grundriss) zwei Beispiele, wie Sie eine verkaufsschwache Zone aufwerten würden.

Beispiel 1	
Beispiel 2	

4. Ein Lebensmittelgeschäft ist nach folgendem Grundriss aufgebaut:

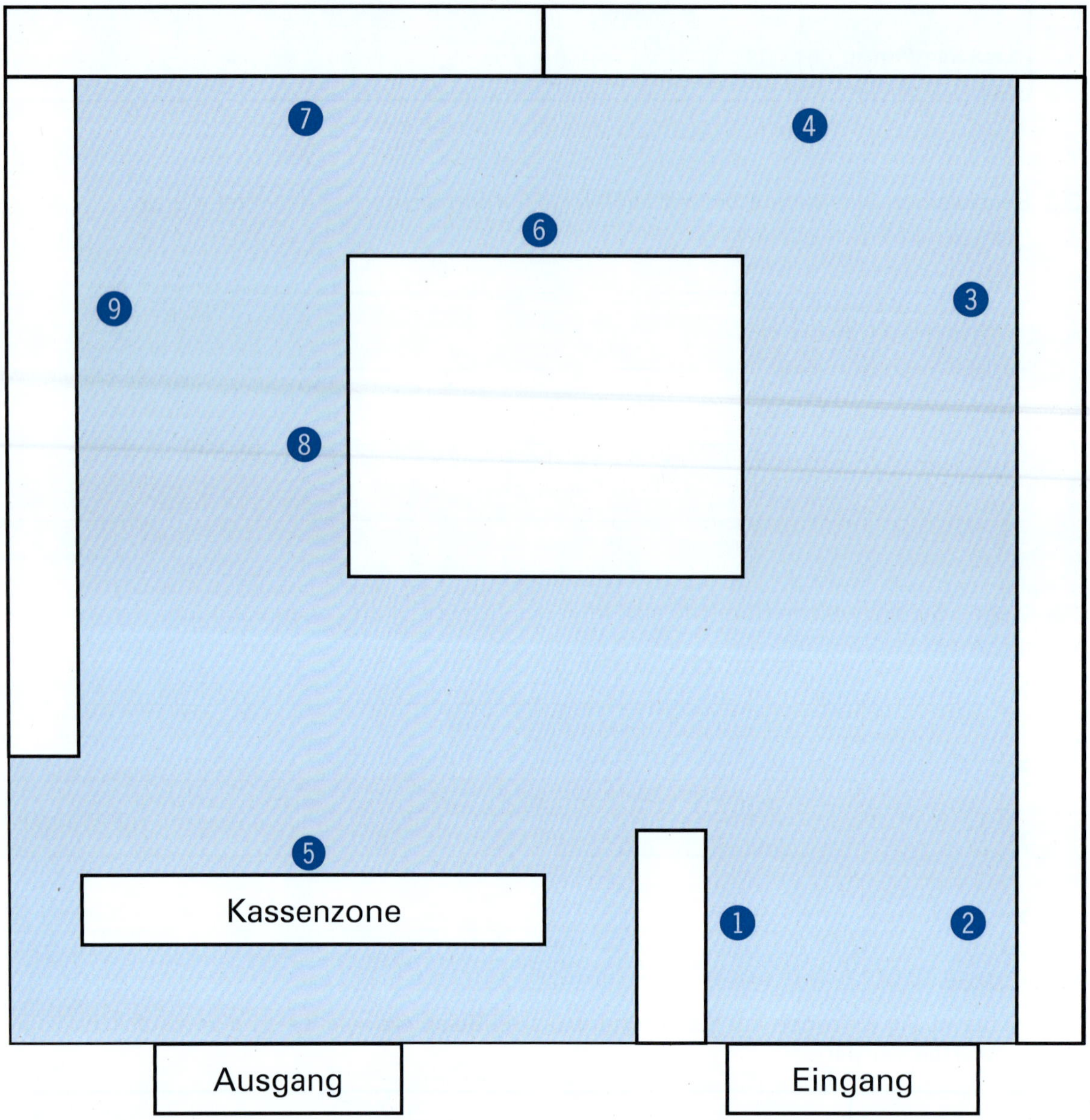

4.1 Geben Sie drei verkaufsschwache und drei verkaufsstarke Zonen an, indem Sie die entsprechende Bereichsnummer (1–9) notieren.

Verkaufsstarke Zonen: ☐ ☐ ☐

Verkaufsschwache Zonen: ☐ ☐ ☐

4.2 Welche Art von Artikeln sollten im Bereich 6 platziert werden? Begründen Sie Ihre Antwort.

___

___

___

4.3 Erklären Sie, welche Art von Artikeln im Kassenbereich angeboten werden sollten.

____

____

____

____

5. Kunden orientieren sich im Geschäft, indem sie einen gedanklichen Lageplan entwickeln. Das gilt vor allem, wenn sie ein Geschäft regelmäßig betreten.

Prüfen Sie, ob die aufgeführten Maßnahmen dazu geeignet sind, den „gedanklichen Lageplan" des Kunden zu verbessern. Kreuzen Sie zutreffende Aussagen an.

1	Der Verkaufsraum wird regelmäßig umgestaltet.	
2	Die Hauptkundenwege sind deutlich erkennbar.	
3	Niedrige Warenträger sorgen für Überblick.	
4	Die Warenträger sind besonders hoch, damit der Kunde nicht von seinem Weg abkommt.	

3 Waren verkaufsfördernd platzieren

Schulbuch Kap. 3

HANDLUNGSSITUATION

Lasse van der Vies, Verkäufer in einem Grenzshop in Flensburg, möchte nach dem Umbau und der Erweiterung des Geschäftes die neu bestellten Waren in die Regale einräumen. *„Am besten überprüfe ich das Gewicht jedes einzelnen Kartons und packe dann die schweren Waren aus den Kartons nach unten ins Regal und die leichten Artikel ganz nach oben. Alle anderen Waren werde ich dann in die mittleren Regalzonen packen. Dann bin ich mit dem Einräumen der Regale auch ganz schnell fertig und kann mich anschließend der Dekoration des Schaufensters widmen."*

Nachdem Lasse van der Vies das erste Verkaufsregal bestückt hat, tritt eine Kundin an das Regal und fragt nach einer kurzen Suchphase:

Kundin: *„Können Sie mir sagen, wo der Kaffee zu finden ist? Ich kann ihn irgendwie nicht finden."*

Van der Vies: *(runzelt die Stirn) „Schauen Sie, den habe ich etwas weiter nach oben in das Regal gepackt. Den haben Sie bestimmt auf den ersten Blick gar nicht gesehen."*

Kundin: *„Was soll denn der Kaffee oben im Regal? Das war hier ja noch nie so. Und wo sind jetzt die Kaffeefilter?"*

Van der Vies: *„Die habe ich in das oberste Regal gelegt."*

Kundin: *„Also, ich weiß ja nicht, nach welchen Kriterien Sie in diesem Geschäft die Regale einräumen, aber vielleicht sollten Sie noch einmal darüber nachdenken, ob Sie das auch richtig machen."*

ARBEITSAUFTRÄGE ZUR HANDLUNGSSITUATION

1. Unterbreiten Sie Vorschläge, wie Lasse van der Vies die Waren im Regal platzieren soll.

Vorschlag 1: ______________________________

____

____

Vorschlag 2: ______________________________

____

____

2. Berichten Sie, nach welchen Kriterien die Waren in Ihrem Ausbildungsbetrieb platziert werden. Machen Sie sich im Vorfeld stichwortartig Notizen.

____

____

____

WEITERE AUFGABEN

1. Das Warenhaus Elvis Martis e. Kfm. hat eine neue Ausführung von LED-Deckenleuchten in das Sortiment aufgenommen. Die Abteilungsleiterin ist mit dem Abverkauf der Deckenleuchten nicht zufrieden.

Unterbreiten Sie zwei begründete Platzierungsvorschläge, durch die die Absatzchancen erhöht werden könnten.

Vorschlag 1: ______________________________

____

____

____

____

Vorschlag 2: ______________________________

____

____

____

____

2. Erläutern Sie die Begriffe Regalzonenplatzierung und Blockplatzierung.

Regalzonen-platzierung	
Blockplatzierung	

3. 3.1 Nennen Sie vier Regalzonen und erklären Sie deren Verkaufswirksamkeit.

Regalzonen	Verkaufswirksamkeit

3.2 Die folgenden Schokoladentafeln sollen in einem schmalen Regal im Block angeboten werden. Dabei sollen jene Schokoladentafeln bevorzugt platziert werden, die einen besonderen Gewinn abwerfen.

Bestücken Sie das Regal, indem Sie den jeweiligen Schokoladentafeln die geeignete Regalzone zuweisen.

Artikel	Marke	Verkaufspreis in EUR	Gewinn in EUR	Regalzone
Herzschokolade	Unsere Hausmarke	0,40	0,04	
Feix Edel Schoko	Beliebter Markenartikel	0,50	0,05	
Schoko Fit Vollmilch	Premiummarke	0,70	0,10	
Almtraum	Luxussegment	0,90	0,15	

4. Das Warenhaus Anton Geller e. K. in Magdeburg macht einen etwas angestaubten Eindruck. Deshalb sollen die einzelnen Abteilungen auf den neuesten Stand der Warenpräsentation gebracht werden. Die Beraterfirma schlägt unter anderem vor, verstärkt eine Verbundplatzierung (Bedarfsbündelung) vorzunehmen.

4.1 Erklären Sie den Begriff Verbundplatzierung (Bedarfsbündelung).

____

____

____

4.2 Beschreiben Sie je einen Vorteil für den Kunden und für das Einzelhandelsgeschäft, den diese Art der Warenpräsentation mit sich bringt.

Vorteil Kunde	**Vorteil Einzelhandelsgeschäft**
➤ ________________	➤ ________________
________________	________________

4.3 Die Lebensmittelabteilung im Untergeschoss soll attraktiver gestaltet werden. Nennen Sie vier absatzfördernde Maßnahmen, die geeignet sind, den Umsatz zu steigern.

➤ ______________________________________

➤ ______________________________________

➤ ______________________________________

➤ ______________________________________

4.4 Zwei Wochen nach der Wiedereröffnung möchte die Unternehmensleitung den Erfolg der durchgeführten Maßnahmen feststellen. Erläutern Sie zwei Möglichkeiten der Erfolgskontrolle.

____

____

____

____

5. Ein Einzelhandelsbetrieb hat über drei Tage alle Kundenfragen (insgesamt waren es 361 Fragen), die an die Mitarbeiter gestellt wurden, erfasst. Die nachfolgende Grafik zeigt das Ergebnis der Auswertung:

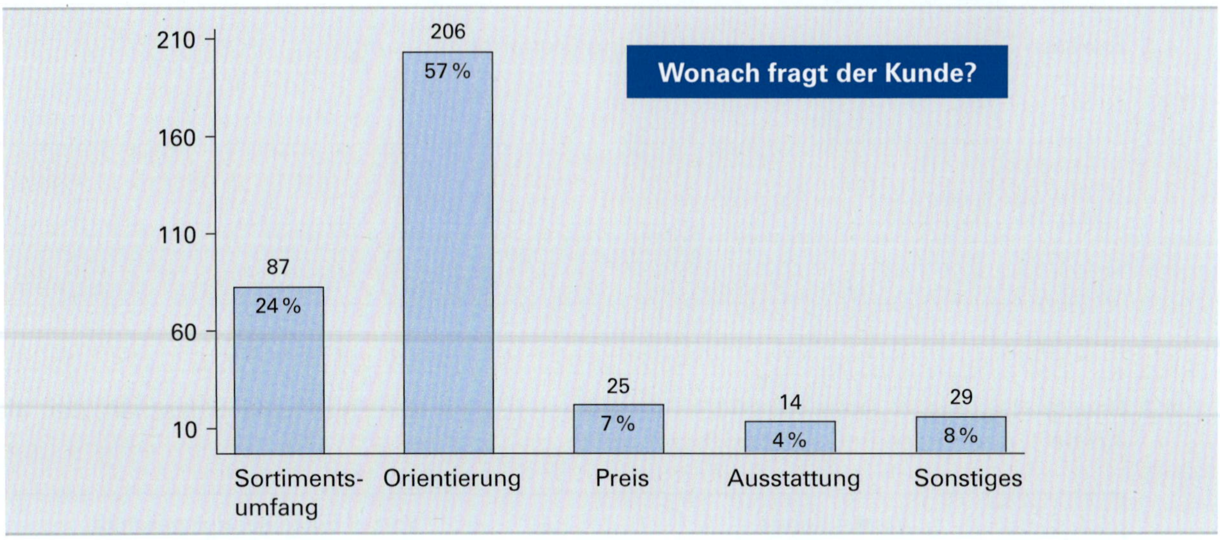

5.1 Erläutern Sie, was die Grafik aussagt.

5.2 Stellen Sie dar, welche Schlussfolgerung der Einzelhandelsbetrieb aus der Befragung ziehen sollte.

4 Waren kennzeichnen und Preise angeben

Schulbuch Kap. 4

HANDLUNGSSITUATION

Cord Goos kauft im Baumarkt Teipen GmbH in Chemnitz eine Teichpumpe. Der Regalpreis ist mit 139,99 EUR ausgezeichnet. Nachdem er noch weitere Gartenartikel ausgewählt hat, zahlt er an der Kasse einen Rechnungsbetrag von 410,80 EUR.

Auf dem Weg zum Auto prüft Cord Goos den Kassenzettel und stellt fest, dass für die Teichpumpe ein Preis von 149,99 EUR berechnet wurde. Cord Goos geht zur Kasse zurück und verlangt von der Kassiererin die Erstattung des – seiner Meinung nach – zu viel bezahlten Betrags von 10,00 EUR.

Die Kassiererin verweigert die Rückerstattung und holt den Geschäftsführer Ismet Dögat. Dieser erklärt Cord Goos, dass der Preis, der an den Regalen ausgezeichnet ist, nicht unbedingt stimmen müsse. Zudem sei Cord Goos verpflichtet, den „falschen Preis" direkt beim Scannen der Ware zu reklamieren. Ismet Dögat verweigert Cord Goos daher die Rückerstattung.

ARBEITSAUFTRAG ZUR HANDLUNGSSITUATION

Recherchieren Sie, ob die Aussage des Geschäftsführers Ismet Dögat zutreffend ist.

WEITERE AUFGABEN

1. Nach der Preisangabenverordnung ist der Einzelhandel verpflichtet, seine Waren auszuzeichnen.

1.1 Erklären Sie, welche Ziele der Gesetzgeber für den Verbraucher mit der Preisangabenverordnung verfolgt.

1.2 Beschreiben Sie den Unterschied zwischen Gesamtpreis und Grundpreis.

Gesamtpreis	Grundpreis

2. Nennen Sie vier zulässige Mengeneinheiten.

➤ ______________________ ➤ ______________________

➤ ______________________ ➤ ______________________

3. Svea Seidel, Inhaberin des Einzelhandelsgeschäfts „Natürlich glücklich", hat einen Bio-Heidelbeerjoghurt in einem 150-g-Becher neu in ihr Sortiment aufgenommen.

Recherchieren Sie die Angaben, die das Preisschild laut Preisangabenverordnung enthalten muss.

____

____

____

4. Die Kennzeichnung von Waren bietet dem Verkäufer Informationen für die Verkaufsberatung und dem Käufer hilft sie bei der Warenauswahl in der Selbstbedienung.

4.1 Erklären Sie, warum Marken, Gütezeichen, Schutz- und Prüfzeichen, Typenschilder, Zahlenangaben und Umweltzeichen Argumentationshilfen im Verkaufsgespräch darstellen.

____

____

4.2 Bilden Sie je ein Beispiel für die in 4.1 genannten sechs Zeichen.

Zeichen	Beispiele
Marke	
Gütezeichen	
Schutz- und Prüfzeichen	
Typenschilder	
Zahlenangaben	
Umweltzeichen	

5. 5.1 Ordnen Sie den unten abgebildeten Zeichen eine der folgenden Bedeutungen zu. Tragen Sie in der unten stehenden Tabelle den Buchstaben mit der richtigen Erklärung hinter das entsprechende Symbol ein.

Bedeutungen

a) EU-Gütezeichen: Es zertifiziert die Erzeugung, Verarbeitung und Herstellung des Erzeugnisses in einem bestimmten geografischen Gebiet anhand anerkannter und festgelegter Verfahren.

b) Warnzeichen: entzündbar

c) Gütezeichen für Energieeffizienz-Klassen-Angabe. Die Energieeffizienz-Klasse gibt an, ob ein Gerät vergleichsweise viel oder wenig Strom verbraucht.

d) Ökolabel: Es zertifiziert, dass zur Herstellung des Produktes bestimmte Richtlinien eingehalten wurden (z. B. zur Holzverarbeitung, zur Textilverarbeitung oder Fairtrade-Richtlinien).

e) Warnzeichen: explosiv

f) Gütezeichen: klassifiziert gesundheitlich einwandfreie Kleidung hinsichtlich der Schadstoffe.

g) Siegel des IHTN (Internationaler Herstellerverband für tierschutzgeprüfte Naturkosmetik, Kosmetik und Naturwaren e. V.). Es zeichnet Produkte aus, die während der Herstellung und am Endprodukt auf Tierversuche verzichten.

	Symbol	Bedeutung
1		
2	Naturland	
3		
4	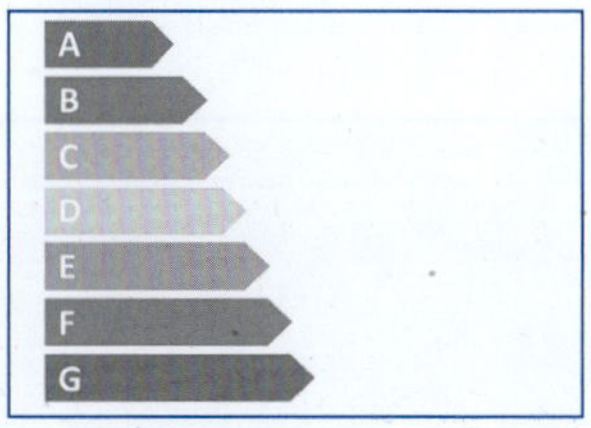	

<table>
<tr><th></th><th>Symbol</th><th>Bedeutung</th></tr>
<tr><td>5</td><td></td><td></td></tr>
<tr><td>6</td><td>
</td><td></td></tr>
<tr><td>7</td><td>
</td><td></td></tr>
</table>

5.2 Sammeln Sie fünf weitere Beispiele für Gütezeichen oder Warnzeichen, die Sie auf den Waren Ihres Ausbildungsunternehmens finden. Stellen Sie diese Zeichen Ihrer Lerngruppe vor und erläutern Sie deren Bedeutung.

6. Die in der Farbenhandlung Klecks e. K. angebotenen Lacke für Innenräume sind mit dem „Blauen Engel" ausgezeichnet. Notieren Sie, welches der nachfolgend genannten umweltpolitischen Ziele damit unterstützt wird.

1	Weniger Lackverbrauch beim Streichen	
2	Geringere Entsorgungskosten	
3	Geringere Schadstoffbelastung	
4	Einsparung von Rohstoffen	
5	Geringere Produktionskosten	

7. Sie sollen eine blaue Jeans auszeichnen.

7.1 Nennen Sie die Kennzeichnungsmerkmale, die rechtlich vorgeschrieben sind.

➤ ______________________________

➤ ______________________________

➤ ______________________________

7.2 Nennen Sie Kennzeichnungsmerkmale, die sinnvollerweise auf dem Etikett enthalten sein sollten, weil sie die innerbetriebliche Organisation erleichtern.

➤ ______________________________

➤ ______________________________

➤ ______________________________

➤ ______________________________

➤ ______________________________

8. 8.1 Notieren Sie die Vorteile, die bei der Verwendung des GTIN-Codes bestehen.

➤ ______________________________

➤ ______________________________

➤ ______________________________

➤ ______________________________

8.2 Nennen Sie je zwei Vor- und Nachteile, die mit der Warenauszeichnung mit OCR-Schrift-Etiketten verbunden sind.

Vorteile	Nachteile
➤ ______________	➤ ______________
______________	______________
➤ ______________	➤ ______________
______________	______________

1 Werbemaßnahmen entwickeln

Schulbuch Kap. 1

HANDLUNGSSITUATION

Heike und Thomas Schürmann fahren mit ihren beiden Kindern Lea, 9 Jahre, und Jonas, 7 Jahre, in die Innenstadt einer mittleren Großstadt. Sie wollen dort an einem verkaufsoffenen Sonntag bummeln und die allgemeine fröhliche Stimmung genießen. Vielleicht findet sich auch ein interessantes Schnäppchen an Kleidung. Die Kinder wachsen ja so schnell aus allem heraus. Es ist gut, sich einmal in Ruhe umschauen zu können. Wichtig ist vor allem, mit der ganzen Familie einen schönen Tag zu verbringen.

Es gibt viele verschiedene Veranstaltungen für Kinder und Erwachsene. Die Erwachsenen interessieren sich hauptsächlich für die Ausstellung „E-Mobilität für jede(n)", auf der vor allem E-Bikes, Elektro-Scooter u. Ä. präsentiert werden. Diese Ausstellung wurde vorher medienwirksam bekannt gemacht und zieht zahlreiche Besucher auch aus dem weiter entfernten Umland an.

Viele Einzelhandelsbetriebe haben vorher Stammkunden auf besondere Angebote und Aktionen hingewiesen. Natürlich gibt es überall Imbiss-Stände, an denen sich die hungrigen und durstigen Teilnehmer bei Köstlichkeiten und Spezialitäten stärken und sich mit Freunden, Verwandten und Bekannten treffen können.

ARBEITSAUFTRÄGE ZUR HANDLUNGSSITUATION

1. Geben Sie drei Argumente für den verkaufsoffenen Sonntag für den Einzelhandelsbetrieb an.

➤ ______________________________

____

➤ ______________________________

____

➤ ______________________________

____

2. Nennen Sie zwei Einwände, die gegen den verkaufsoffenen Sonntag sprechen könnten.

➤ ______________________________

____

➤ ______________________________

____

3. Beschreiben Sie, welche Voraussetzungen gegeben sein müssen, damit der verkaufsoffene Sonntag für den Einzelhandel erfolgreich ist.

WEITERE AUFGABEN

1. Werbung im Einzelhandel unterscheidet grundsätzlich zwischen drei **Werbearten**:

- Anzahl der Umworbenen (wie viel Personen werden erreicht?)
- Anzahl der Werbenden (die Zahl derjenigen, die die Werbung betreiben)
- Inhalte (die Objekte, die beworben werden)

Ordnen Sie die folgenden Begriffe den obigen drei **Werbearten** zu.

Kennzeichnen Sie

die Anzahl der Umworbenen	mit einer	1
die Anzahl der Werbenden	mit einer	2
den Inhalt	mit einer	3

Begriffe:

a) Sortimentswerbung	☐
b) Massenwerbung	☐
c) Sammelwerbung (Verbundwerbung)	☐
d) Direktwerbung	☐
e) Kollektivwerbung	☐
f) Aktionswerbung	☐
g) Gemeinschaftswerbung	☐
h) Alleinwerbung	☐

2. Ordnen Sie zu: Um welche Art der Werbung handelt es sich bei den nachfolgenden Anzeigen?

(1)

(2)

(3)

(4)

Zuordnung:

(1) ______________________________

____

(3) ______________________________

____

(2) ______________________________

____

(4) ______________________________

____

3. Frau Liebig ist Geschäftsführerin eines Modehauses. Frau Liebig kann sich nicht zwischen Einzel- und Kollektivwerbung entscheiden.

Unterscheiden Sie die beiden Werbearten und nennen Sie für jede Werbeart zwei Vorteile.

	Einzelwerbung	Kollektivwerbung
Begriff	______ ______	______ ______
Vorteile	➤ ______ ______ ➤ ______ ______	➤ ______ ______ ➤ ______ ______

4. Henry Heine ist Inhaber eines Juweliergeschäfts mit guten Umsätzen. Sein Unternehmensberater empfiehlt ihm, mehr Werbung zu betreiben. Henry Heine überlegt sich, ob es sinnvoll ist, viel Geld für Werbung auszugeben, wenn sein Geschäft doch gut läuft.

Nehmen Sie Stellung zur Empfehlung des Unternehmensberaters.

______

______

5. Die Umsatzentwicklung des Modehauses Else Sauter e. Kfr. seit der Eröffnung stellt sich folgendermaßen dar:

	1. Jahr	2. Jahr	3. Jahr
Damenoberbekleidung	832 000,00 EUR	845 000,00 EUR	839 000,00 EUR
Junge Mode	286 000,00 EUR	299 000,00 EUR	325 000,00 EUR
Kinderbekleidung	104 000,00 EUR	91 000,00 EUR	52 000,00 EUR
Herrenbekleidung	390 000,00 EUR	383 500,00 EUR	377 000,00 EUR

5.1 Beschreiben Sie die Umsatzentwicklung der Warengruppen in der obigen Tabelle.

➤ ______

______

➤ ______

______

➤ ____

____

➤ ____

____

5.2 Die Einzelhändlerin Elisa Sauter entschließt sich zur Aufgabe der Warengruppe Kinderbekleidung und zur Erweiterung des Sortimentsbereichs „Junge Mode" um hochwertige Markenartikel.

Erläutern Sie drei Maßnahmen, die einen schnellen Abverkauf der Kinderbekleidung ermöglichen.

➤ ____

____

➤ ____

____

➤ ____

____

6. Für die anstehende Fahrradsaison werden im Kaufhaus Central GmbH die abgebildeten Artikel auf einer Verkaufsinsel platziert.

6.1 Nennen Sie den Fachbegriff für diese Form der Warenplatzierung.

____

6.2 Formulieren Sie einen werbewirksamen Slogan für das Plakat über der Verkaufsinsel.

____

6.3 Nennen Sie drei Ziele, die das Kaufhaus Central GmbH mit dieser Platzierung auf der Sonderverkaufsfläche verfolgt.

➤ ______________________________

➤ ______________________________

➤ ______________________________

6.4 Die Fahrradartikel sollen im regionalen Umkreis beworben werden. Nennen Sie vier geeignete Werbemittel/Werbeträger.

➤ ______________________________

➤ ______________________________

➤ ______________________________

➤ ______________________________

7. Die Geschäftsleitung des Elektrohauses Lotta Stump KG beschließt, ihr Sortiment um einen neuen, energiesparenden Saugroboter zu erweitern.

7.1 Schlagen Sie der Geschäftsleitung begründet drei Werbemittel bzw. -medien vor, die geeignet sind, das neue Produkt erfolgreich auf den Markt zu bringen.

➤ ______________________________

____

____

➤ ______________________________

____

____

➤ ______________________________

____

____

____

7.2 Die Werbung sollte bestimmten Grundsätzen genügen. Erläutern Sie drei wichtige Werbegrundsätze und finden Sie hierzu passende Beispiele.

Werbegrundsatz	Beispiele

7.3 In der Diskussion über die durchzuführenden Werbemaßnahmen fallen auch die Begriffe Zielgruppe und Streugebiet. Erläutern Sie diese Begriffe.

Zielgruppe: ______________________________

____

____

Streugebiet: ______________________________

____

____

7.4 Nach Meinung der Geschäftsleitung soll vor allem Massenwerbung und Alleinwerbung betrieben werden.

Begründen Sie, warum die Lotta Stump KG die genannten Werbearten bevorzugt.

Massenwerbung	
Alleinwerbung	

7.5 Entwerfen Sie einen werbewirksamen Flyer (Handzettel).

7.6 Die Lotta Stump KG möchte den Erfolg ihrer geplanten Werbung kontrollieren. Unterbreiten Sie einen Vorschlag, wie eine Werbeerfolgskontrolle durchgeführt werden könnte.

8. Notieren Sie, welches der folgenden Werbemittel das kleinste Streugebiet hat.

1	Werbespots in einem regionalen Radiosender	
2	Werbeflächen an regionalen Bussen	
3	Postwurfsendung mit Prospekten für alle Haushalte	
4	Werbebrief an Stammkunden	

9. Ein Büroartikelgeschäft hat über vier Wochen verschiedene Werbemaßnahmen durchgeführt. Zur Werbeerfolgskontrolle vergleicht der Geschäftsführer die Umsatzzahlen des Werbezeitraums mit den Umsatzzahlen des gleichen Vorjahreszeitraums, in dem keine Werbemaßnahmen erfolgten.

	Vorjahreszeitraum	**Werbezeitraum**	**Abweichung in %**
Umsatz in EUR	38 047,00	54 062,00	
Anzahl der Kunden	5 332	7 548	
Umsatz je Kunde in EUR			

Berechnen Sie die Abweichungen der Zahlen zwischen Vorjahres- und Werbezeitraum in Prozent und beurteilen Sie den Erfolg der Werbemaßnahmen.

2 Den Verkauf fördern und PR betreiben

Schulbuch Kap. 2

HANDLUNGSSITUATION

Im Sportfachgeschäft Jansen & Sohn GmbH in Dortmund sind die Absatzzahlen bei den Inlineskates im Vergleich zum Vorjahr um fast 7 % gesunken. Damit wurde der Negativtrend aus den Vorjahren deutlich bestätigt.

Herrn Schulten, Geschäftsführer des Fachgeschäftes, liegen Zahlen vor, die erste Rückschlüsse auf die möglichen Ursachen dieses drastischen Rückgangs zulassen. Zum einen kaufen immer mehr Kunden Sportartikel im seit zwei Jahren existierenden Einkaufszentrum der Stadt ein, weil dort vor allem die Parkmöglichkeiten und auch die Sonderangebote sehr attraktiv sind. Zum anderen vermutet er, dass die Kunden mit dem Einkauf von Sportartikeln auch ein außergewöhnliches Kauferlebnis verbinden. Das Sportfachgeschäft ist für eine fachkundige Beratung durch das Verkaufspersonal bekannt.

Um den Verkauf der Inliner wieder abwechslungsreicher zu gestalten, überlegt Herr Schulten, am Point of Sale eine kleine Halfpipe aufzubauen. In dieser könnte dann am übernächsten Wochenende der deutsche Meister im Inlinern den Kunden sein Können mit den neuen Inlinern BT3, die an diesem Tag im Fachgeschäft präsentiert werden sollen, zeigen.

Zusätzlich sollen hochwertige Preise und Autogramme des Sportlers an die Kunden verlost und unterschiedliche Prospekte und Kataloge verteilt werden. Kunden können die Halfpipe nutzen, um die unterschiedlichen Inliner intensiv auszuprobieren und diese anschließend zum Selbstkostenpreis zu erwerben.

Eine spezielle Schulung des Verkaufspersonals für die neuen Inliner soll der Aktion vorausgehen.

ARBEITSAUFTRAG ZUR HANDLUNGSSITUATION

Nennen Sie Vor- und Nachteile, die eine solche Aktion für das Sportgeschäft hat.

Vorteile	Nachteile
➤	➤
➤	➤
➤	➤
➤	➤
➤	➤

WEITERE AUFGABEN

1. Die Geschäftsleitung der Drogeriekette Lothar Piller GmbH prüft, ob auch Maßnahmen der Verkaufsförderung (Salespromotion) ergriffen werden sollen.

Erläutern Sie den Begriff Verkaufsförderung und beschreiben Sie drei Maßnahmen, die zur Verkaufsförderung gehören.

Begriff	
Maßnahmen	

2. Zur Absatzförderung trägt auch die Öffentlichkeitsarbeit – also Maßnahmen der Public Relations (PR) – bei. Begründen Sie diese Aussage.

3. Notieren Sie zu den Ziffern, ob es sich bei den nachfolgenden Maßnahmen um Public Relations oder Salespromotion handelt.

	Maßnahmen	Public Relations	Salespromotion
1	Ein Mitglied der Geschäftsleitung stellt sich als Vorstand für den örtlichen Fußballclub zur Verfügung.		
2	Fünf PCs werden dem Berufsschulzentrum von der Lothar Piller GmbH gestiftet.		
3	In verschiedenen Filialen der Drogeriekette Lothar Piller GmbH werden Kunden Produktproben angeboten.		
4	Die Drogeriekette Lothar Piller GmbH schreibt für die Verkäufer einen Verkaufswettbewerb aus.		
5	Der Geschäftsführer der Lothar Piller GmbH überreicht der Stiftung „SOS-Kinderdorf“ bei einem Pressetermin einen Scheck über 4500,00 EUR.		

4. Notieren Sie, bei welchen der folgenden Vorgänge es sich um Couponing handelt.

1	Der Einzelhändler bietet dem Kunden beim Kauf einen Rabatt an.	
2	Der Kunde erhält aus Kulanz bei der Rückgabe einer Ware einen Gutschein.	
3	Der Kunde erhält aufgrund eines Bezugsrechtscheins beim Kauf eine Zugabe.	
4	Im Werbeprospekt wird für einen Artikel der Preis für drei Tage stark abgesenkt.	
5	Als Geschenk erhält jeder Kunde beim Kauf eines Artikels im Wert von über 10,00 EUR einen kleinen Blumenstrauß.	

5. Stellen Sie dar, worauf man bei der Entgegennahme eines Coupons an der Kasse besonders zu achten hat.

3 Rechtliche Grenzen der Werbung berücksichtigen

Schulbuch Kap. 3

HANDLUNGSSITUATION

Werbung des Süßwarenhauses Lisa Hanser e. Kfr.

Bei Edeka-Läden, Spar-Läden, Rewe-Läden in unserer Stadt: überall bekommen Sie „Milka Schokolade". Bei uns zahlen Sie den niedrigsten Preis.

ARBEITSAUFTRAG ZUR HANDLUNGSSITUATION

Prüfen Sie, ob die vergleichende Werbung rechtlich erlaubt ist.

§ 5 Irreführende geschäftliche Handlungen UWG

(1) [1]Unlauter handelt, wer eine irreführende geschäftliche Handlung vornimmt, die geeignet ist, den Verbraucher oder sonstigen Marktteilnehmer zu einer geschäftlichen Entscheidung zu veranlassen, die er andernfalls nicht getroffen hätte. [2]Eine geschäftliche Handlung ist irreführend, wenn sie unwahre Angaben enthält oder sonstige zur Täuschung geeignete Angaben [...] enthält. [...]

WEITERE AUFGABEN

1. Beurteilen Sie, ob in den folgenden Fällen verbotene (weil irreführende) oder vergleichende Werbung vorliegt:

1.1 Prospekt: *„Sie finden im ganzen Umkreis kein Geschäft mit besser geschultem Personal."*

1.2 Plakat: *„Das strahlendste Weiß meines Lebens.“*

1.3 Anzeige: *„Unser Auto ist das sicherste der Welt.“*

1.4 Werbebrief: *„ … die Mayer & Co. OHG ist nicht mehr leistungsfähig, weil sie überschuldet ist. Bestellen Sie bei uns.“*

2. Recherchieren Sie Regelungen, die das „Gesetz gegen den unlauteren Wettbewerb“ vorsieht.

Prüfen Sie, ob die folgenden Maßnahmen rechtlich zulässig sind und begründen Sie Ihre Meinung.

Hinweis:

Für die Lösung der Maßnahmen ist es sinnvoll, in Gruppen zu arbeiten.

	Maßnahmen	Rechtliche Prüfung der Maßnahmen
1	Die Preise der Winterpullover werden um 10 % reduziert. Auf den Preisschildern sind die alten Preise rot durchgestrichen und die neuen Preise daneben geschrieben.	
2	Das Lebensmittelhaus Eric Eckert e. K. wirbt mit dem Slogan: *„Das Gemüse der Gärtnerei Friedrich Holle GmbH hat eine mindere Qualität gegenüber unserem Gemüse.“*	
3	Das Haushaltswarengeschäft Oskar Holler GmbH bietet in seinem Prospekt vom 20. Mai 20.. einen hochwertigen Edelstahlkochtopf für 9,90 EUR an. Das Haushaltswarengeschäft hat einen Vorrat von drei Kochtöpfen. Bereits eine Stunde nach Geschäftseröffnung sind die Kochtöpfe ausverkauft.	

3. Begründen Sie, ob die nebenstehende Anzeige rechtlich zulässig ist.

zulässig	
unzulässig	

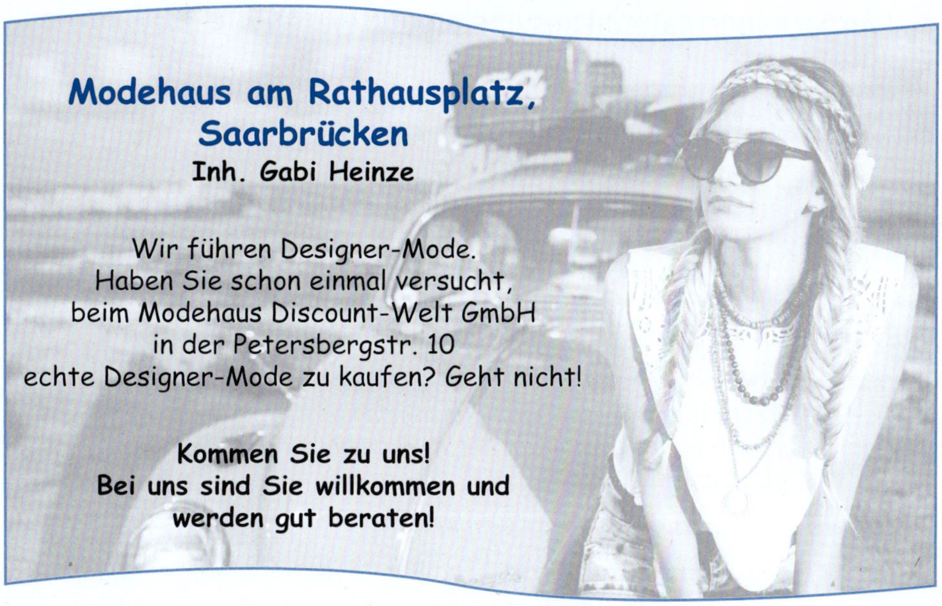

Begründung:

4 Verpackungsmaterial auswählen und Waren zustellen

Schulbuch Kap. 4 + 5

HANDLUNGSSITUATION

Beim Lebensmittelgeschäft Spekowius GmbH in Garbsen bei Hannover arbeiten heute Petra Lützen und Elit Yakut, beide ausgebildete Verkäufer, an der Fleisch- und Wursttheke des Betriebes.

Yakut: *„Stell dir mal vor, was ich gestern Nachmittag hier an der Fleischtheke erlebt habe. Das wirst du mir nicht glauben."*

Lützen: *„Na, da bin ich ja mal gespannt."*

Yakut: *„Ich habe gerade die Messer von der Schneidemaschine gereinigt, als eine Frau mittleren Alters vor mir steht und verschiedene Wurstsorten bei mir kaufen möchte."*

Lützen: *„Also, das erleben wir doch täglich mindestens hunderte von Malen."*

Yakut: *„Warte doch mal ab, jetzt wird es spannend. Nachdem ich der Kundin die geschnittenen Wurststücke aushändigen wollte, holte diese aus ihrem Einkaufskorb verschiedene Tupperdosen und Behälter raus und sagte, sie könne mit der ganzen Papier- und Folienverpackung nichts anfangen und ich solle ihr die Waren doch bitte in ihre mitgebrachten Behältnisse packen."*

Lützen: *„Echt? Und wie hast du reagiert?"*

ARBEITSAUFTRÄGE ZUR HANDLUNGSSITUATION

1. Wie hätten Sie reagiert? Diskutieren Sie darüber in Ihrer Lerngruppe.

2. Prüfen Sie, ob der Verkauf unverpackter Ware rechtlich erlaubt ist.

Lebensmittelhygiene-Verordnung [LMHV]

§ 3 Allgemeine Hygieneanforderungen

Lebensmittel dürfen nur so hergestellt, behandelt oder in den Verkehr gebracht werden, dass sie bei Beachtung der im Verkehr erforderlichen Sorgfalt der Gefahr einer nachteiligen Beeinflussung nicht ausgesetzt sind.

WEITERE AUFGABEN

1. Welche Verpflichtung hat das Unternehmen, das die Verpackungen in Umlauf bringt?

____

____

____

____

2. Erklären Sie die Aufgabe des „Grünen Punktes".

____

____

____

3. Vervollständigen Sie mithilfe der unten aufgeführten Füllwörter den folgenden Lückentext:

Findet nach dem Gebrauch der Verpackung eine konsequente Wertstofftrennung statt, so entstehen ______________. Werden diese anschließend ________________, so stehen sie für die ________ ______ neuer Artikel zur Verfügung. Je mehr Verpackungen in den ______________ kommen, desto geringer ist der Verbrauch an ______________.

Füllwörter:

(2) recycelt

(1) Produktion

(4) Sekundärrohstoffe

(3) Werkstoffkreislauf

(5) natürlichen Ressourcen

4. 4.1 Nennen Sie eine Maßnahme des Umweltschutzes, die zu den gesetzlichen Pflichten eines Einzelhandelsbetriebs gehört.

____

4.2 Prüfen Sie, ob ein Einzelhändler sich weigern darf, verbrauchte Batterien vom Kunden zurückzunehmen.

5. Nennen Sie die Aufgabe, die die Verpackung im Verkaufsraum übernimmt.

6. Erklären Sie nachfolgende Begriffe und bilden Sie hierzu jeweils ein Beispiel.

	Verpackungsart	Begriff	Beispiele
1	**Verkaufsverpackung**		
2	**Umverpackung**		
3	**Transportverpackung**		

7. Die Spedition Kniebis GmbH bezeichnet sich als „gemischte Spedition", weil sie auch Transporte mit eigenen Kraftfahrzeugen durchführt.

7.1 Erläutern Sie den Begriff Spediteur.

7.2 Erklären Sie den Unterschied zwischen einem Spediteur und einem Frachtführer.

____

____

____

8. Stellen Sie jeweils zwei Vor- und Nachteile dar, die sich aus der firmeneigenen und firmenfremden Zustellung von Waren für einen Einzelhandelsbetrieb ergeben.

	firmeneigene Zustellung	**firmenfremde Zustellung**
Vorteile	➤ ____________ ____________ ➤ ____________ ____________	➤ ____________ ____________ ➤ ____________ ____________
Nachteile	➤ ____________ ____________ ➤ ____________ ____________	➤ ____________ ____________ ➤ ____________ ____________

9. Die Tourenplanung hat u. a. die Aufgabe,

- ➤ die Strecke, die Fahrtdauer sowie die Transportkosten zu minimieren und
- ➤ die Kapazitätsauslastung der Fahrzeuge sowie die Arbeitszeitausnutzung zu maximieren.

Erläutern Sie diese Aussagen.

____

____

____

____

____

____

5 Im Team arbeiten

Schulbuch Kap. 6

HANDLUNGSSITUATION

Fortsetzung der Handlungssituation 2

Das Sportfachgeschäft Jansen & Sohn GmbH möchte an einem verkaufsoffenen Sonntag den Besuchern des Sportfachgeschäftes ein besonderes Shopping-Erlebnis bieten. Die geplanten Aktionen müssen sehr gut vorbereitet werden. Vier Auszubildende und drei Fachverkäufer des Sportfachgeschäftes bilden ein Team. Es will dafür sorgen, dass dieser Sonntag für alle Beteiligten ein voller Erfolg wird und möglichst viele Kunden an das Unternehmen gebunden werden.

Der Fachverkäufer und Ausbilder Malte Olsen ist als Teamleiter für die Organisation verantwortlich. Er lädt alle Teammitglieder per E-Mail zu einer ersten Teamsitzung ein.

ARBEITSAUFTRAG ZUR HANDLUNGSSITUATION

Formulieren Sie fünf Tagesordnungspunkte **(TOP)**, die Malte Olsen als Themen der ersten Teamsitzung in der E-Mail aufführen sollte.

Vorüberlegungen: Welche Fragen und Vorschläge werden die Teammitglieder vermutlich äußern? Welche Themen können daraus für das Meeting entwickelt werden?

TOP 1 ____________________

____

____

TOP 2 ____________________

____

____

TOP 3 ____________________

____

____

TOP 4 ____________________

____

____

TOP 5

WEITERE AUFGABEN

1. Zu einer erfolgreichen Teamarbeit gehören regelmäßige Besprechungen.

1.1 Erläutern Sie drei wichtige Aufgaben, die der Moderator (Sitzungsleiter) einer Teamsitzung erfüllt.

➤

➤

➤

1.2 Nennen Sie vier Verhaltensweisen, die einen guten Moderator kennzeichnen.

➤

➤

➤ ______________________________

____

____

➤ ______________________________

____

____

2. Geben Sie jeweils vier Vor- und Nachteile von Teamarbeit an, die Sie aus Ihrer Erfahrung kennen.

Vorteile von Teamarbeit	➤ ______ ______ ➤ ______ ______ ➤ ______ ______ ➤ ______ ______
Nachteile von Teamarbeit	➤ ______ ______ ➤ ______ ______ ➤ ______ ______ ➤ ______ ______

3. Im Rahmen der Teamarbeit kann es auch mal zu Konflikten kommen. Dann stellt sich die Frage, wie damit umgegangenen werden soll.

3.1 Nennen Sie drei mögliche Gründe für Konflikte.

➤ ______________________________

____

➤ ______________________________

____

➤ ______________________________

____

3.2 Erläutern Sie, mit welchen Strategien Sie in der Rolle der Teamleitung Konflikte in der Teamarbeit lösen würden.

____

____

____

____

____

____

____

____

____

____

Bilderverzeichnis

S. 1: #246329 - www.colourbox.de • **S. 1**: Paolo Gallo – www.colourbox.de • **S. 1**: www.colourbox.de - Pressmaster • **S. 2**: #85 – www.colourbox.de • **S. 3**: #6854 - www.colourbox.de • **S. 7**: #6854 - www.colourbox.de • **S. 9**: #6854 - www.colourbox.de • **S. 13**: #6854 - www.colourbox.de • **S. 16**: #6854 - www.colourbox.de • **S. 18**: #6854 - www.colourbox.de • **S. 23**: #6854 - www.colourbox.de • **S. 26**: #6854 - www.colourbox.de • **S. 29**: #5809- www.colourbox.de • **S. 29**: #6854 - www.colourbox.de • **S. 32**: #6854 - www.colourbox.de • **S. 34**: #6854 - www.colourbox.de • **S. 37**: #6854 - www.colourbox.de • **S. 42**: #6854 - www.colourbox.de • **S. 42**: • **S. 44**: #6854 - www.colourbox.de • **S. 48**: #6854 - www.colourbox.de • **S. 51**: #6854 - www.colourbox.de • **S. 57**: dotshock - www.colourbox.de • **S. 57**: #6854 - www.colourbox.de • **S. 59**: #6854 - www.colourbox.de • **S. 66**: #931 – www.colourbox.de • **S. 66**: #6854 - www.colourbox.de • **S. 74**: #282776 – www.colourbox.de • **S. 74**: #6854 - www.colourbox.de • **S. 79**: #6854 - www.colourbox.de • **S. 84**: #6854 - www.colourbox.de • **S. 89**: #6854 - www.colourbox.de • **S. 99**: #6854 - www.colourbox.de • **S. 106**: #6854 - www.colourbox.de • **S. 117**: #6854 - www.colourbox.de • **S. 119**: ELIZAVETA GALITCKAIA • **S. 121**: #6854 - www.colourbox.de • **S. 125**: Cookie Studio 2017 • **S. 125**: #6854 - www.colourbox.de • **S. 129**: #6854 - www.colourbox.de • **S. 134**: #8 – www.colourbox.de • **S. 134**: #6854 - www.colourbox.de • **S. 142**: #6854 - www.colourbox.de • **S. 152**: #6854 - www.colourbox.de • **S. 156**: #6854 - www.colourbox.de • **S. 162**: #6854 - www.colourbox.de • **S. 168**: #6854 - www.colourbox.de • **S. 173**: #6854 - www.colourbox.de • **S. 178**: #6854 - www.colourbox.de • **S. 178**: www.colourbox.de - Pressmaster • **S. 186**: #6854 - www.colourbox.de • **S. 189**: #6854 - www.colourbox.de • **S. 192**: #6854 - www.colourbox.de • **S. 196**: #6854 - www.colourbox.de •